Silvia Cecchini

# STORIE DI FIORI

*I Fiori di Bach
raccontati ai bambini
dai 3 ai 90 anni*

Ascoltalibri Edizioni
www.ascoltalibri.it

# INTRODUZIONE

Quando ho deciso di studiare i Fiori di Bach, dato che cominciavo ad usarli nelle mie terapie, per quanto leggessi le descrizioni dei Fiori, per quanto cambiassi i libri su cui li studiavo, la mia conoscenza dei Fiori restava, in qualche modo, superficiale. Ma, fortunatamente, ai bambini piacciono molto le storie. E così ho raccontato alla mia bambina interiore 39 storie, e lei ci è finita dentro, come si finisce dentro lo schermo di un cinema o dentro le pagine di un libro, e il mondo tutto attorno scompare, come quando la voce di chi racconta una storia ci trasporta al di là della realtà ordinaria. E ha pianto, riso, tremato, gioito, insieme ai protagonisti delle storie. Dopo di che, non mi sono più dimenticata il messaggio di nessuno dei fiori di Bach. Ecco come sono nate le storie: prima per me, poi per i bambini a cui prescrivevo i fiori, e poi per i bambini nascosti dentro gli adulti.

Leggere o farsi leggere la storia del fiore che stiamo vivendo in modo disarmonico ha l'effetto di sciogliere dolcemente i nodi che ci impediscono di capire, e di portarci pace e armonia, e questo aiuta e potenzia l'azione del fiore che stiamo assumendo. Oppure, come nel caso dei bambini che non vogliono "prendere la medicina", può lavorare al posto delle gocce. Sì, perché le storie, anche se sono state diligentemente scritte da me, è come se mi fossero arrivate proprio dai fiori, che me le hanno raccontate all'orecchio, a volte con la voce autorevole del Tao Te Ching (Cerato), della Bhagavad Gita (Wild Oat), dell'Ecclesiaste (Impatiens), o di Thich Nhat Hanh (Mustard), a volte con la voce argentina di fate, o con i sussurri degli spiriti delle piante.

Le storie sono ordinate secondo i gruppi descritti da Edward Bach, per cui leggerle in sequenza porterà a sintonizzarsi dal primo al settimo cenro di energia; ma perché non leggerle aprendo il libro a caso, oppure andando a cercarsi proprio il fiore che si vuole conoscere?

Comunque vada, spero che vi accompagnino dolcemente a capire il messaggio delle piante, e che il vostro sorriso di unisca al mio quando dico- Grazie- tutte le volte che vedo un fiore appena sbocciato.

# FIORI PER LA PAURA

## ROCK ROSE
## (ELIANTEMO)

Il Signor Roccetti sbadiglia mentre cerca le chiavi della macchina. E sbadiglia mentre parcheggia la macchina vicino all'ufficio. Cammina inquieto verso la sua scrivania mentre continua a chiedersi :"Non è possibile che Rocco, che ormai è già grande, continui a svegliarsi con gli incubi tutte le notti. E anche di giorno non è più quello di prima, è come se fosse terrorizzato da qualcosa... ma da cosa?"
Rocco, suo figlio, cammina svogliato verso la scuola. Non ce l'avrebbe fatta neanche oggi ad arrivare in tempo. E' come se le gambe non volessero muoversi e rallentassero apposta per fargli dispetto... Ecco, ancora un volta sente la campanella suonare e lui è ancora lì, fuori dal portone!... "Speriamo che la profe non si arrabbi troppo... " pensa, ormai rassegnato al ritardo.
Nel sole del primo pomeriggio la Nonna portava al parco la piccola Rosa. Rosa sta pensando alla notte scorsa. Ancora un volta, come parecchie altre notti prima di questa, proprio quando il sonno sembrava non dover finire mai, ecco che viene svegliata ( e non solo lei) da suo fratello Rocco, che urla di terrore. Lei ha provato ad aiutarlo: è subito scesa giù dal letto, in suo soccorso, portandogli Coniglio (il suo coniglietto giallo di pelouche) e mettendoglielo nel letto. Ma Rocco l'ha guardata un po' intenerito, sì, dal suo gesto, ma con sufficienza, pensando (eh sì, lei è come se li leggesse, i pensieri di Rocco) che un coniglio, che per definizione è un vigliacco che scappa di fronte ai più piccoli rumori, non può certo dargli il coraggio che gli serve per mettere in fuga i mostri... ... Be', pensa Rosa, prima di tutto è un Coniglio Giallo, non un coniglio qualsiasi, e poi, che ci vorrà mai a mettere in fuga quello Smorf che è lì, nell'angolo della camera di Rocco, che non è neanche dei peggiori... Improvvisamente, Rosa si illumina in viso. La Nonna conosce quello sguardo... non ci si combatte. Per cui, quando Rosa insiste per farsi comprare un lecca-lecca, la accontenta senza protestare.

E' appena tramontato il sole e i cancelli del parco sono stati chiusi. Le fate di città stanno bisbigliando eccitate, e una di loro brandisce un lecca-lecca giallo, trovato nel tronco del loro albero. Il lecca-lecca sta raccontando alle fate la richiesta di Rosa, e, presto, capiscono che questo è un lavoro per Eli, una fata di montagna, della montagna che si può vedere là, a nord, azzurrina contro il cielo già quasi blu. Il corvo che zampetta lì intorno si alza in volo mentre le fate si preparano ad accogliere un'ospite, facendo un po' di spazio nel loro albero, e spargendo petali di margherita sul letto pulito.

Ecco Eli, che, sorridente e spettinata, ma bellissima nel suo vestito giallo, scende dalle ali di Corvo e, dopo poco, riparte in volo (con le sue ali, stavolta, visto che il viaggio è più breve) verso la finestra socchiusa di casa Roccetti, anzi, per la precisione, della camera di Rocco.

Eli guarda Rocco che, a occhi chiusi, con la bocca semiaperta, sussulta e trema. Ogni tanto piccole scosse di braccia e gambe rivelano l'intensità del suo sogno. I pugni chiusi, le gambe rigide : povero piccolo, che spaventosa avventura sta vivendo? Allora Eli pensa all'eliantemo, al fiore che è la sua casa, lassù in montagna, pensa al suo coraggio, al suo essere così piccolo e tenero, eppure alla sua capacità di resistere alle tempeste di neve, ai temporali. Pensa alla capacità delle sue piccole radici di penetrare nella roccia e di crescere lì dove altri fiori non riescono a sopravvivere. Pensa al colore giallo dei suoi petali, alle scintille di giallo che illuminano il grigio della roccia, così piccole eppure così brillanti, che allargano il cuore in un sorriso. E sente così, subito, una tale nostalgia della sua casa, del suo piccolo fiore, che le lacrime le riempiono gli occhi , e, poi, TOC… TOC… cadono due goccioloni dritti nella bocca semiaperta di Rocco, proprio lì, sulla lingua. Rocco, nel sonno, chiude la bocca, succhia le lacrime di Eli, e… qualcosa cambia. Eli vede il viso di Rocco rilassarsi, la bocca distendersi quasi in un sorriso, e poi gli occhi si aprono, svegli… e lei, svelta, si nasconde dietro le tende della finestra.

Rocco si alza, veloce, quasi ridendo, e va dritto nell'angolo della stanza dove una figura senza forma era cresciuta, notte dopo notte, assumendo sembianze mostruose nei suoi sogni. E le chiede:"Chi sei? Cosa vuoi da me? Guarda il mio coraggio, adesso, e rispondimi, o ti annienterò con uno schioccare di dita… "

L'ombra risponde. Non si sente il suono delle parole, ma,

nettamente, nella testa di Rocco (e di Eli, che continua ad osservare la scena) si formano le risposte: "Non so chi sono... so solo che la tua paura mi ha nutrito e mi ha fatto crescere... Ed è questo che voglio... voglio solo la tua attenzione... me ne andrò, se vuoi... ma non essere violento con me... ". L'ombra striscia fuori dalla stanza, diventando sempre più piccola.

Rocco si guarda intorno, soddisfatto. Gli piace la sua camera. I manifesti appesi alle pareti, le scarpe buttate sotto la scrivania, calzini e mutande appallottolati per terra... e gli angoli della stanza, finalmente liberi, puliti. C'è uno strano bagliore dietro le tende... chissà, sarà la luce delle stelle.

Sbadigliando e stiracchiandosi, si ficca sotto le lenzuola e si addormenta.

Tutto è silenzioso in casa Roccetti. Manca poco all'alba, e si sente il rumore dei primi autobus, giù nella strada. Ma, nel silenzio, L'URLO: Anzi, non il solito urlo, ma UN urlo. Che viene dalla camera del Signor Roccetti. Il Signor Roccetti si rende conto che l'urlo è venuto dalla sua bocca e si alza a sedere, terrorizzato. Che cosa è successo? Che cosa è che gli fa battere i denti dalla paura, che gli attanaglia lo stomaco in una morsa? Sente il rumore dei piedini nudi di Rosa che trotterellano sul pavimento del corridoio, vede arrivare un coniglietto di pelouche dentro il suo letto, si sente rincalzare le coperte, e poi, come se Rosa ci avesse ripensato, sente entrare anche lei, nel lettone, che gli sussurra "non avere paura, papà, domani ci penso io... ".

Solo per un attimo, prima di riaddormentarsi, il Signor Roccetti si rende conto che, questa notte, Rocco non si è svegliato.

Il Signor Roccetti sbadiglia mentre cerca le chiavi della macchia. E sbadiglia mentre parcheggia la macchina vicino all'ufficio. Cammina inquieto verso la sua scrivania, come se la paura notturna non lo avesse ancora lasciato.

Rocco si infila in classe proprio mentre la campanella sta suonando. "Roccetti, di nuovo... ", ma la professoressa non può finire la frase di fronte al sorriso smagliante di Rocco che, impeccabile, riesce a scaricare lo zaino e a sedersi prima che la campanella finisca di suonare.

Eli dorme, nel tronco d'albero delle fate di città, di cui è ospite. Qui l'aria è più densa che lassù in montagna, e non è affatto profumata, ma è stata così felice di aver aiutato Rocco... un sorriso piega in su la sua bocca mentre dorme, e, ad ogni respiro, dalla felicità, qualche nuvola di polvere di fata la avvolge, facendo brillare le ali ripiegate.

Nel sole del primo pomeriggio, la Nonna porta Rosa al parco e si sente strattonare. "Nonna, voglio un lecca-lecca... ".La Nonna, già rassegnata, si sta facendo tirare verso il bar, mentre brontola "Anche oggi?... E giallo, magari!?"


MIMULUS
(Mimulo Giallo)

Mimma sta tornando a casa, dalla prova dell'orchestra della scuola di musica. Ha il violino nella mano sinistra e con la destra si sta ancora asciugando qualche lacrima di umiliazione. Dario e tutti i maschi della sezione dei fiati è tutto il pomeriggio che non fanno che spaventarla, per poi riderle dietro. Si sono nascosti dietro il portone prima, e poi nei bagni delle femmine, e quando meno se l'aspettava sono usciti suonando i piatti o ficcandole una strombazzata nell'orecchio, che l'ha spaventata a morte e l'ha fatta saltare e anche piangere. E poi, durante la prova, Dario le è venuto dietro e sembrava facesse apposta a suonarle i piatti nelle orecchie... Il suo violino ha steccato, quasi ogni volta, e il maestro l'ha rimproverata. E il suo cuore ha sussultato su e giù, continuamente, e lo stomaco sembrava volesse uscirle dalla bocca... e anche adesso, che deve lasciare la strada asfaltata, per prendere la scorciatoia che passa in mezzo al campo, le è rimasta addosso quella sensazione di paura, e ha paura di qualche lucertola che le può strisciare tra i piedi, o di...
... ECCOLO! Un urlo le sfugge dalla bocca, nel vedere, davanti a lei, un topolino che stava sgusciando fra l'erba quasi alta, e che, al suono dell'urlo, è saltato su, più spaventato di lei, cambiando direzione e correndo via... Tremando ancora (ma forse non aveva mai smesso di farlo, da quando ha cominciato a tremare insieme ai piatti di Dario), Mimma si siede su un sasso, solo per un po', accanto al torrente che porta l'acqua dai monti giù in città, la custodia del violino appoggiata sui sassi. Stare seduta solo un po',

con la strada asfaltata a due passi, lì in mezzo a erbacce e ciottoli, le dà comunque un po' di pace, nel silenzio. Niente macchine, né persone, solo l'acqua che scorre. Spesso ha la sensazione di essere sempre in tre: lei, il mondo, e qualcuno, nascosto dietro l'angolo, che aspetta solo il momento giusto per farla sussultare. E ora, invece, si sente bene, da sola, lei con il mondo. E… con quei bei fiori gialli, nati così in bilico, fra un sasso e l'altro della proda del fiume.
- Ehi, bel fiore… - dice Mimma – vorrei essere come te… sei qui, in mezzo ai pericoli, da un momento all'altro le tue radici possono staccarsi, i tuoi semi cadere in acqua, il vento portarti via con sé… eppure sei felice lo stesso, qui con questi puntini rossi sui tuoi petali gialli, e fai a gara con l'acqua a chi ride di più… -
E mentre con la mano tocca leggermente la pianta con cui sta conversando, Mimma sente l'impulso di prendere un fiore, e portarlo con sé.
Non si accorge del topolino che, ancora un po' impaurito da prima, ora le scivola dietro, verso i più ricchi bottini dei bidoni della spazzatura accanto al marciapiede, più avanti.
Il cielo adesso è tutto coperto da nuvoloni grigi, si prepara un bel temporale estivo, di quelli con lampi e fulmini che fanno tanta paura a Mimma, e fanno sì che lei sia costantemente presa in giro da suo fratello. Ecco il primo tuono in lontananza : - Solo un brontolio…
.Speriamo che non si avvicini – Mimma affretta il passo. Cadono giù le prime gocce: tic, tac, toc, tic… Qualche goccia bagna i petali del fiore, e Mimma lo asciuga, protettiva, con la mano. Ecco un altro tuono, e subito la mano scatta all'orecchio, a coprirselo, e poi… il pollice in bocca, come quando era piccola… Il pollice ha ancora su il sapore del fiore… un sapore giallo, di sole e erba bagnata…
.Adesso c'è un lampo che squarcia le nuvole, ma., stranamente, Mimma non ha più paura, anzi pensa che lassù il tecnico delle luci si sta dando un gran da fare… e ora, forse, arriveranno anche i piatti dell'orchestra che si nasconde dietro le nuvole… Ecco, infatti… un GONG ben più forte dei piatti di Dario… Che meraviglia!... E che voglia di suonare!... Ridendo, Mimma apre la custodia del violino e suonando e camminando, col fiore in bocca, e le gocce di pioggia che rimbalzano sul violino, sul fiore, e dal fiore sul viso, tra le labbra, ha sempre più voglia di ballare, e di saltare, sotto quel temporale estivo, che una volta l'avrebbe fatta sussultare e

nascondersi sotto le coperte, con le mani sulle orecchie.
La pioggia sta adesso venendo giù ben bene, e lava il fiore, e scorre giù, per terra, nello scolo del marciapiede, dove, nascosto vicino all'ingresso della fogna, il topolino sta bevendo un po' d'acqua. Acqua che sa di fiore, di giallo e di sole, di erba bagnata, di allegria e voglia di rischiare, e il topolino, ubriaco di quest'acqua, entra giù nella fogna, andando incontro come al solito ai consueti pericoli sotterranei. Ma stavolta è diverso, sente in sé un'energia nuova, un ardimento da esploratore che mai aveva provato prima, e, giunto proprio alle spalle di uno dei soliti smorf che si incontrano sotto terra, invece che nascondersi impaurito, lancia con tutto il fiato dei suoi piccoli polmoni uno SQUIIIK assordante, che fa sussultare lo smorf e lo fa schizzare su come un bolide. Su, su, fuori dal tombino, proprio nel rigagnolo di scolo.
Lo smorf si riprende ora dallo spavento, e sta appena cominciando ad apprezzare quello splendido tempo grigio, piovoso e fangoso, quei bei lampi e tuoni così paurosi per alcuni e proprio per questo per lui così rigeneranti, che comincia a sentirsi sempre più debole, come se si squagliasse. Ma come mai?, in genere è il sole che gli fa quest'effetto... eppur neanche l'ombra di un raggio... solo una cappa di nuvole che rende la città più tetra che mai... perché questo senso di stupida allegria, allora, da dove viene questa luce che lo divora, che lo liquefa?...
E solo un attimo prima che la sua coscienza svanisca, squagliata, nel tombino, insieme alla pioggia, riesce a capire. Riesce a capire da dove viene tutta quella luce: da un piccolo petalo giallo, proprio lì, accanto alla pozzanghera.


## **CHERRY PLUM**
### **(Mirabolano)**

Piercarlo, in cucina, controlla l'orologio per la quinta volta in cinque minuti. Mentre chiude gli sportelli lasciati aperti da qualcuno, guarda l'acqua della pasta che bolle. Suo fratello, che dalla porta della cucina fa il solito lancio mal riuscito della lattina nel cestino, gli dice, guardandolo dall'alto in basso: "E piantala di star lì a guardare l'orologio accanto alla pasta! Ma di che hai paura? Che gli spaghetti escano e scappino se solo li molli di vista un attimo? Ti

stai comportando come uno psicopatico!"
Uno PSICOPATICO! Pensa terrorizzato Piercarlo... E perché no? E se fosse vero? Nel thriller dell'altra sera in TV, il serial killer che uccideva bambini sembrava perfettamente normale, se non che, da bambino, torturava gli animali... in fin dei conti lui, ieri, ha provato piacere nello schiacciare la zanzara sulla finestra: il vedere la scia di sangue che si spalmava sul vetro gli ha dato una soddisfazione anomala... forse l'inizio della pazzia è così che si manifesta... mentre Piercarlo pensa, uno smorf enorme si materializza accanto a lui, e si unisce all'altro, più piccolo, che stava già seduto accanto ai fornelli...
"Eh sì" gli sussurra nelle orecchie "diventerai pazzo, uno di questi giorni..."
Piercarlo si tappa le orecchie e scappa in camera sua, a prendere il suo diario. Scrivere sul diario gli dà sollievo, anche se, il più delle volte, quello che scrive è un lungo elenco delle sue attività. Ma si sente meglio, quando lo fa, a parte quelle volte che non riesce a ricordarsi che cosa ha fatto ad una data ora, e il pensiero di essere stato distratto, preda del flusso degli eventi, senza alcun controllo, lo fa impazzire...
Dopo pranzo, alla solita ora, Piercarlo esce per andare a scuola (turno di pomeriggio, questo mese), ma non è neanche a metà strada che si ricorda con terrore che ha dimenticato di fare la pipì, prima di uscire di casa. Guarda veloce l'orologio e capisce che non ha tempo per tornare a casa. E dunque, che fare? Certo non può correre il rischio di andare a scuola così. La profe è molto severa e non fa uscire nessuno per andare in bagno: che cosa terribile sarebbe se gli scappasse forte... addirittura potrebbe capitargli di non riuscire a controllarsi e di farsi la pipì addosso, come un bambino dell'asilo...
Mentre pensa a questa eventualità uno smorf un po' disgustoso si è materializzato accanto a lui e gli passa le mani sulle gambe, come a fargli sentire l'effetto della pipì calda che gli scivola dentro i pantaloni e che li bagna, diventando visibile a compagni e professoressa... lo smorf ridacchia e il suo fiato, sul collo, lo fa rabbrividire...
"Vai via!" urla Piercarlo, ma lo smorf aumenta di dimensioni e fa un passo indietro, per farsi vedere meglio.
La mamma di Piercarlo, a casa, inforcati gli occhiali, sta leggendo accuratamente il diario, che è stato lasciato al solito posto. Controlla

quello che è stato scritto negli ultimi due giorni, per tenersi aggiornata dall'ultima volta. Tentenna un po' il capo, preoccupata. Gli smorf sono in aumento, pensa. Se lei non riesce ad arginare le cose, presto ne avrà la casa piena... e allora, cosa succederà? Ha paura anche solo a pensarci. Chiude il diario, e lo rimette a posto,sicura che Piercarlo non se ne accorgerà. E del resto, anche se fosse, lei ha il dovere di tenere sotto controllo la situazione...
Piercarlo ha deciso che la farà ora, la pipì, per evitare inconvenienti a scuola, e si nasconde dietro una pianta fiorita della casa d'angolo. Mentre si sforza di innaffiare la siepe (niente di peggio di una pipì che deve uscire per forza), e, contemporaneamente, di ignorare lo smorf che ridacchia, non può fare a meno di notare che il cespuglio è proprio pieno di fiori bianchi. Ma davvero la primavera sta già arrivando?Davvero il brutto tempo sta per finire? Ogni ramo trabocca di fiori , quasi come facesse fatica a sostenerli tutti. Ed è proprio guardando quei rami, innaffiati dalla sua pipì, che gli viene un'idea. Riabbottonatisi i pantaloni dopo le ultime gocce , cautamente, stacca un rametto, con l'intenzione di usarlo come arma contro lo smorf. Una vera arma chimica, che nasconde la sua efficacia sotto un'apparenza di messaggio floreale di pace. Agitando il rametto in direzione dello smorf, gli schizza la pipì addosso, e lui, immediatamente, rimpicciolisce e smette di sghignazzare. Piercarlo si prepara ad inseguirlo, ma, anche lui, si sente diverso. Forse perché non vuole altri schizzi di pipì addosso (purtroppo un po' si è già bagnato, durante l'attacco), non ha più voglia di inseguirlo, si sente calmo, senza più paura. Non ha neanche necessità di avere coraggio, non ne ha proprio più bisogno. Semplicemente, non c'è più niente da affrontare. E, in effetti, lo smorf non c'è più.
"Grazie, cespuglio" si rivolge alla pianta Piercarlo, e poi, ripensandoci, stacca un unico fiore e, come un amuleto, lo infila nella borraccia, per rendere l'acqua che ha con sé una pozione magica, come quella di Asterix.
Piercarlo continua a camminare verso la scuola. Ogni tanto, un sorso d'acqua. Non ha certo paura che bevendo troppo, poi, gli scapperà la pipì durante la lezione, né ha più voglia di guardare l'orologio per controllare se è in ritardo. Semplicemente, sente che tutto va come deve andare.
Seconda ora di Italiano: Roccetti, accanto a lui, sta agitandosi sulla sedia. E, a un certo punto, non ce la fa più e alza la mano, chiedendo

di andare in bagno. La profe, ovviamente, scuote la testa e stringe la bocca in un punto microscopico, brandendo la penna e scorrendo il registro per continuare con le interrogazioni. Roccetti è in difficoltà e anche Piercarlo, tutto sommato, pensa che una puntatina al bagno non gli dispiacerebbe.

"Professoressa" si sente dire Piercarlo, con una sicurezza nuova " ho bisogno di andare in bagno, e anche Roccetti. Se non ci dà il permesso, l'avverto che potremmo usare il suo portapenne per fare la pipì, sempre che ci basti… "

Un applauso non gli fa finire la frase e la professoressa, a malincuore, fa con la penna un gesto di concessione verso la porta.

"Ma guarda un po'… " pensa la mamma di Piercarlo, mentre vuota la borraccia" Un fiore ci deve essere caduto dentro: non si sarà mica preso qualche malattia?" E assaggia l'acqua, per sentire se sa di marcio, o di muffa. Ma no,… anzi, ha anche un sapore speciale… che le fa venire voglia di rilassarsi e di pensarci dopo, a lavare i piatti… Mentre sta per accomodarsi in poltrona, l'occhio le cade sul diario di Piercarlo lasciato, aperto, sul tavolo di cucina, e dopo aver esitato un attimo, allunga la mano, lo chiude, e glielo sistema in uno dei suoi cassetti. Senza leggerlo. Perché, dopo tutto, le cose stanno filando lisce come l'olio, senza bisogno che lei stia lì a controllarle… e oggi non si vede neanche il solito smorf che le viene dietro!

## ASPEN
### (Pioppo)

- Ecco fatto: un apparecchio magico per un ragazzo magico – dice lo zio finendo di avvitare l'ultima vite sull'apparecchio per i denti di Michele. Sì, perché lo zio di Michele, per l'appunto, è anche il suo dentista, e gli ha appena finito di montare quello che a prima vista sembra uno strumento di tortura, ma che, secondo loro (suo zio, suo padre e sua madre) farà diventare il suo sorriso l'ottava meraviglia del mondo.

"Un ragazzo magico", pensa Michele tornando a casa. Lo zio l'avrà detto per scherzo, ma lui è un po' che ha il sospetto di esserlo davvero. Quando è andato al cinema a vedere Harry Potter ha notato delle somiglianze: anche a lui capitano cose strane e sa molto spesso le cose che succederanno, e quando succederanno. A volte, invece, non sa cosa di preciso succederà, né quando di preciso succederà, ma sente come una minaccia, una nuvola grigia che è lì, dietro l'angolo, in attesa di esplodere su di lui e sulla città come una nube di gas tossico. Ah no, certo non è uno dei soliti smorf, di quelli ne ha visto qualcuno, a volte, e sa anche che basta dargli un po' d'attenzione perché vadano da un'altra parte; è, invece, una cosa ancora più senza forma di uno smorf-senza-forma, è un senso di intrusione, di dubbio, di attento-a-te-che-ora-arriva-il-peggio, di note stonate, di ricordi che non sa o di pensieri che non riesce ad afferrare. Ed è così vago, quello che sente, che non può neanche parlarne con nessuno, perché non saprebbe di cosa parlare.

Mentre in macchina il papà e la mamma chiacchierano, davanti (o meglio, la mamma parla e il papà fa finta di ascoltare), Michele guarda fuori dal finestrino, sperando che la nuvola grigia che sentiva lì in città si stia allontanando da lui, staccata e sfilacciata dalla velocità raggiunta in autostrada. Fuori dal finestrino, adesso che sono già in campagna, filari di pioppi, tutti in linea, tutti uguali, come soldatini coraggiosi ben piantati, ma... inquieti, anche loro, come lui. Il papà ferma la macchina proprio sotto uno di loro, e - Vai pure dove vuoi, Michele, angelo – dice la mamma – io resto qui accanto al fiume , con papà che pesca. Non stare via troppo, però... - Non c'è vento, qui. L'aria è così ferma, ma i pioppi, ugualmente, tremano, sussultano per un nonnulla, e mostrano l'argento delle loro foglie, quasi ad avvertirlo di un pericolo imminente. "Anche qui, la nuvola", pensa Michele. E, inquieto, cammina un po', stringendo con la mano nella tasca un cristallo di quarzo che, ha letto, può proteggerlo dalle forze oscure. Certo, non è la pietra filosofale di Harry Potter, ma è sempre qualcosa... Michele si sente un po' più sicuro, quel tanto che basta ad accovacciarsi ai piedi di un pioppo e a stuzzicare, con un rametto caduto dall'albero, una enorme lumaca nera senza guscio, appena uscita a spasso dopo la pioggia recente. E' così divertente toccarle le corna col legnetto... Appena sfiorata, la lumaca le tira dentro, rabbrividendo impaurita. "Ecco", pensa Michele "io per lei sono la sua minaccia innominabile, la sua nuvola grigia... ". La lumaca si è arrampicata sul rametto, e Michele continua a stuzzicarla col dito, finchè alla fine lei non scivola giù, attaccandosi ai grappoli di fiori del rametto di pioppo, ancora polverosi di polline e bagnati di pioggia. La lumaca sembra trovarli

di suo gradimento e comincia a mangiarli.
Adesso, però, succede una cosa strana. Michele continua a stuzzicare la lumaca, ma lei resta lì, impavida, con le sue antenne sfoderate che, anzi, si protendono ancora di più, curiose, per esplorarlo, come se non avesse affatto paura di lui: così tanto coraggio ha anzi la lumaca che, adesso, gli monta sulla mano. Che schifo! Rabbrividisce Michele e scuote la mano allontanandosi di scatto. Il pioppo rabbrividisce anche lui, lanciando bagliori d'argento, e una piccola doccia di gocce di pioggia cade dalle foglie e dai fiori dell'albero, finendo proprio su Michele sui capelli, sulle mani, in bocca, nelle viti dell'apparecchio…
"In questo posto si sta proprio bene", pensa Michele, tornando alla macchina " peccato dover tornare in città, e alle sue nuvole grigie…"

Be', in realtà, si dice Michele andando dallo zio per il controllo, di nuvole grigie non ne ha più sentite negli ultimi giorni, né dietro gli angoli delle strade, né durante i suoi sogni, ora così pacifici. Si vede che quel quarzo che ha in tasca funziona proprio… o è stata la bava della lumaca… o è stato il pioppo?
- Ecco un altro giro… fatto! Un apparecchio magico per un ragazzo magico! – Conclude lo zio, come di consueto, confermando il fatto che quando si invecchia si ripetono sempre le stesse cose.
Ma oggi potrebbe davvero avere ragione. Si sente così a posto, in pace con tutti, come se niente potesse sorprenderlo o minacciarlo, non più nuvole, non più sensazioni di vaga paura, ma solo il coraggio di esplorare ciò che ancora non riesce a definire.
Ecco qua la gelateria sotto lo studio, dove lo zio ha un conto aperto: un gelato, pensa, potrà anche permettersi di offrirglielo, così può fermarsi a salutare Deborah, la ragazza che serve al banco. – Ciao, magic boy! – (eccone un'altra). Ma Deborah è circondata, lei stessa, da una nuvola grigia, e non ha certo il suo solito sorriso. Michele le sorride e – PLINK! – un raggio di luce rimbalza sulle viti del suo apparecchio e illumina, come se fosse un faro dello stadio, tutta Deborah, sciogliendo come d'incanto la nuvola che la circonda.
- Il tuo gelato oggi sarà super – le dice ora lei – ho voglia di mettertici cinque gusti invece dei soliti tre : mi è venuto tutto ad un tratto un gran buonumore… -
- Cosa le hai fatto? – chiede Adriano, da dietro la macchina del caffè

– è tutta la mattina che ha un umore insopportabile, da non starle vicino… fai la stessa cosa anche a me, su… - continua, prendendolo un po' in giro.
E Michele si volta verso Adriano, lo guarda negli occhi azzurri, gli punta addosso il suo sorriso , e – PLINK, PLINK! – come due gocce di pioppo, partono due raggi laser di buonumore e amicizia. E anche Adriano è sistemato, scintillante e rimesso a nuovo.
"Così facile?" , pensa Michele tornando a casa "Proviamo un po'… " . E continua, lungo tutto il tragitto verso casa, a sparare i suoi raggi di pace e allegria verso chi incontra, lasciando così, neanche fosse una lumaca, una scia luminosa…
- Mamma, papà, sono a casa! - . Il papà è sdraiato per terra, davanti alla televisione. E chiede : - Abbassa un po' la luminosità, amore, mi vuoi accecare? - . La mamma, che è un po' maga anche lei (l'ha detto lo zio), sa già benissimo cosa è successo, e gli risponde : - Ma no, è solo Michele che è rientrato, fra un po' ti abituerai anche tu a tutta questa luce… _

## RED CHESTNUT
### (Castagno Rosso)

Maria Luna sta sistemando lo zaino nel bungalow, insieme alle altre bambine del campo estivo della scuola. Non ha un viso molto allegro, perché è da quando ha salutato il suo papà, prima di salire sul pullmann, che continua a pensare a lui, e a preoccuparsi del fatto che non ce la può fare da solo, senza di lei ad aiutarlo, a ricordargli le cose, a coccolarlo quando è stanco… Adesso, per esempio, si è ricordata che non gli ha detto dove ha messo il libro di storie che lei racconta a sua sorella la sera, per farla addormentare tranquilla. E ora come farà? Lo sa bene quanto si innervosisce quando la sorellina fa le bizze, e poi finiscono per urlare tutti e due… Basta, ha deciso. Hanno detto che, dopo la merenda, tutti si riuniranno per decidere le squadre per il torneo di palla prigioniera. Lei approfitterà di quel momento per andare, non vista, a telefonare a papà. Sa che non si può telefonare per i primi tre giorni, ma non si farà vedere, e poi, dopo tutto, questa regola vale per i papà degli altri, che sanno cavarsela da soli…
Adesso, in attesa della merenda, Luna si avvia verso quel bell'albero

, carico di fiori rossi e rosa, e si sdraia sotto la sua ombra, solo per chiudere un po' gli occhi, che il viaggio in pullmann ha reso così pesanti...
Dal sentiero che proviene dal bosco esce, sbuffando, una signora con gonna e giacca verde smeraldo, una testa di capelli rossi quasi innaturali, e scarpe col tacco. Si siede anche lei sotto l'albero, posa la borsa, si toglie le scarpe e si massaggia i piedi.Che idea, pensa Fata Smeraldina, quella della Regina delle Fate di darle un corpo di una signora di mezza età, per mantenere l'incognito durante il viaggio! Ma l'idea peggiore è stata quella delle scarpe col tacco, invece che un bel paio di scarpe da ginnastica! Le hanno dato questo corpo, messo in mano la mappa per trovare l'albero a cui è stata assegnata, e via!, spedita via senza neanche darle il tempo di salutare le sue compagne di scuola, di fare le ultime raccomandazioni alle fate più giovani. Adesso è preoccupata per loro, sa che hanno ancora esercizi difficili da fare, chissà se ce la faranno senza il suo aiuto...
Ora, però, anche se non dovrebbe mancare tanto a destinazione, non ha voglia di controllare la mappa, vuole solo riposare i piedi, e, già che c'è, distrarsi un po' guardando i sogni di questa bella bambina addormentata.
Ecco che compaiono le prime immagini: Smeraldina regola il contrasto, la luce, il volume, come se fosse davanti alla TV, e si appoggia comodamente all'albero per godersi lo spettacolo. Compare un uomo, nel suo letto, che dorme. Sul comodino c'è la foto della bambina... sarà il suo papà, è ovvio. Ma ecco che sopra quest'uomo arriva, aleggiando, uno smorf scuro scuro, e allarga il suo mantello come se lo volesse catturare... La bambina rabbrividisce dalla paura, e Smeraldina la copre con un bel po' di foglie verde scuro,che trova ai piedi dell'albero... Ma che prurito che ha in mezzo alla schiena, dove le sue ali sono costrette a star nascoste sotto la giacca! E' logico che sia così, le ali le prudono tutte le volte che incontra uno smorf, e anche solo se ne sente parlare... E Smeraldina si gratta la schiena contro l'albero, scuotendolo tutto. Dall'albero cade una nuvola di fiori rossi a forma di piccole stelle; alcuni fiori cadono sull'immagine dello smorf e lo lavano via...
Adesso il sogno continua , più tranquillo, e il papà si gira nel letto dall'altra parte, ancora un po' inquieto.
Smeraldina si aggiusta di nuovo a sedere, per vedere il seguito...
Nel bagno, accanto al letto del papà che dorme, una lavatrice sta

cominciando a sbuffare bolle di sapone, poi schiuma, poi lo sportello si gonfia e infine ... acqua che esplode dallo sportello e che allaga il bagno e la camera da letto, e poi sale, sale, fino quasi a sommergere il letto... Basta! Smeraldina non vuole più vedere questi sogni, e si alza di scatto, dando un colpo secco al tronco dell'albero. Cadono altri fiori, e, di nuovo, passando sul sogno, lo cambiano, e il bagno allagato diventa un lago, mentre il letto del papà vi galleggia dolcemente, portandolo a spasso in mezzo a cigni e svassi...
"Però, interessante!" pensa Smeraldina "Sembra che i fiori di questo albero abbiano dei grandi poteri". Apre la sua borsa degli attrezzi e tira fuori un bricco, dell'acqua e un contagocce. Immerge uno dei fiori nell'acqua, più volte, poi chiude tutto dentro la borsa e aggiunge luce di fata, riapre la borsa e con il contagocce tira su qualche goccia di acqua di fiore. Ne assaggia una, per sentirne il sapore. E sente che la goccia la fa sentire intera, senza neanche il fastidio delle scarpe addosso, contenta di essere in missione; sente che l'amore che ha per le sue sorelle non le dà nessuna nostalgia, ma solo allegria di sapere che sicuramente sono felici, accanto alla vecchia quercia. Lei , adesso, ha altro da fare: e si mette, paziente, ad aspettare che la bambina sogni di nuovo.
Ecco che compare, nuovamente, il suo papà, che sta guidando in autostrada. E mentre il contachilometri sale, Smeraldina riesce a sentire i pensieri di Luna: "Non devi andare così forte, papà, è pericoloso: come farai, ora che non ci sono io a ricordartelo?... "
Una nuvola di paura avvolge il sogno, e la macchina viene avvolta dalla nebbia... "Questo, sì, è pericoloso!" pensa Smeraldina, e, veloce, lascia cadere due gocce nella bocca semiaperta di Luna, il cui respiro è diventato affannoso.
TIC, TIC... ecco che la nebbia si alza e compare una macchina della polizia, che costringe il papà a fermarsi. Meno male, scampato pericolo...
TIC, TIC... altre due gocce e va via tutto il sogno: al suo posto compare un prato e due squadre di bambini che giocano a palla prigioniera...
Questi sì che sono dei bei sogni! Sorride soddisfatta Smeraldina . Si volta verso l'albero e –Grazie, Albero! – lo abbraccia. Che buffa questa sensazione come di sentirsi a casa! L'albero si scuote ancora, facendo cadere altri fiori. Smeraldina alza la testa e vede che sta ridendo, perché, ma certo!, perché è il SUO albero! E mentre il

cuore le si allarga dalla felicità, ecco che le sue due ali si aprono con un poff, liberandosi dalla giacca, anche perché il vestito ... non c'è più. Ci sono solo foglie verde scuro che si allargano a formare una gonna, e una tale voglia di ridere che la fa volare su in mezzo ai rami. I suoi capelli rossi si sono trasformati in una piramide di fiori che le fa da berretto, e i piccoli piedi non riescono più a tenere addosso quelle scarpe scomode, ormai grandi, che cadono giù, giù...
Maria Luna si sveglia bruscamente perché qualcosa le è caduto in testa : "Che strano modo di svegliarsi!"pensa "Da questo albero piovono scarpe... Ma quanto ho dormito? Sono sommersa da foglie e fiori... " Guarda l'orologio e si alza di corsa. Non può assolutamente mancare alla formazione delle squadre per il torneo, specie dopo il sogno che ha fatto, in cui la sua squadra vinceva! Oggi non c'è tempo per telefonare a papà, vuol dire che se la caverà da solo, una volta tanto...
Il Signor Ezio torna a casa, finalmente, dopo uno dei giorni più lunghi della sua vita. Che giornata! Prima, gli incubi (era da quando era piccolo che non sognava uno smorf), poi , la lavatrice gli ha allagato la casa, e, infine, anche la multa! Fortuna che poi le cose sono andate lisce, ma ancora deve mettere a letto la piccola e certamente non troverà il libro delle storie... Intanto, per ora, meglio farsi una tisana rilassante: le sue mani, che tremano ancora nervosamente, frugano nella scatola delle bustine e trovano una tisana mai vista prima: Castagno Rosso, legge il signor Ezio un po' incuriosito. Qualcosa gli dice che avrà un buon sapore. E mentre finalmente si siede sul divano, con la sua tazza fumante in mano, invece di affondare nei cuscini incontra qualcosa di duro: " To', il libro delle storie... ecco dov'era".
Ora può finalmente rilassarsi, e odorare il profumo di bosco che esce dalla tazza.

# FIORI PER L'INCERTEZZA

## CERATO
### (Piombaggine)

- No, no, la piombaggine non si sposta! – Di là dalla siepe, la voce di Anna, la sua vicina di casa, sta rispondendo decisa alla proposta del giardiniere, che le ha consigliato di spostare la pianta in un altro posto.
Fabrizio, seduto sui gradini della porta di casa, istintivamente confronta il tono deciso della sua vicina, apparentemente così anziana e fragile, con le continue esitazioni di sua madre, che il giardiniere avrebbe già convinto da un pezzo a spostare piombaggine, edera, cavoli, e anche tutta la casa...
- Non voglio assolutamente spostarla: è il mio regalo del giorno! –
Fabrizio, incuriosito, appena il giardiniere si allontana, passa oltre la siepe e chiede ad Anna che cosa vuol dire "il regalo del giorno".
-E' il regalo che ogni giorno mi viene fatto: spesso sono più regali, uno diversa dall'altro. Vedi, se lascio la piombaggine in questa posizione, ogni mattina, di questa stagione, aprendo gli occhi, la vedo dal mio letto quando mi sveglio... E così la giornata mi fa subito un regalo... Guarda come è bella, con quei fiori blu e viola... Lo sai che è una pianta che viene dal Tibet? –
- Il Tibet... è il tetto del mondo... l'ho studiato! –
-Infatti... E' così alto che da lassù si sente benissimo la voce di Dio... o di chiunque stia là sopra le nuvole...
Fabrizio la ascolta perplesso, allora Anna gli spiega meglio : - Quella voce che non si ascolta con le orecchie, ma col proprio cuore... Ma, dimmi un po', a te non è arrivato nessun regalo, oggi, che hai una faccia così mogia e confusa?... -
Fabrizio spiega che è da almeno quindici giorni che deve scegliere le materie facoltative prima dell'inizio della nuova scuola: - Ho passato tutti questi giorni a parlare coi professori, e coi compagni più anziani, e con la mamma che chiede consiglio alle amiche, e coi bidelli, e... -
- ... E anche con quello smorf che era qui l'altro giorno, vero?... Su,

non fare quella faccia, lo so che pensi che noi adulti non li vediamo, gli smorf, ma non è così: è che spesso facciamo finta di non vederli, per non spaventare i bambini... ma che ti ha detto poi? –
- Niente, niente... anche perché quando gli parli, agli smorf, quasi sempre vanno via... E così ora manca solo un giorno all'inizio della scuola e non ho deciso un bel niente... -
- Ma c'è ancora tempo... so, da mio nipote Rocco, che la scuola comincia fra quindici giorni... -
- Ma io – dice Fabrizio – vado alla scuola sperimentale, che comincia prima, e che ha molte più materie. Me l'ha consigliata la mamma, a cui l'ha consigliata il papà di Edoardo, e effettivamente anche Edoardo è contento di farla... ora però io devo scegliere le materie e non so come... -
- Be', allora vuol dire che oggi te lo faccio io, il regalo del giorno...
- E la signora Anna taglia qualche fiore di piombaggine e lo regala a Fabrizio, come se, con quel semplice gesto, potesse risolvere tutte le sue incertezze. Ma, si sa, i vecchi sono sempre un po' strani. E Fabrizio, messi i fiori in un vaso sul suo comodino, finisce il pomeriggio e la serata collegato a Internet a cercare altre informazioni che lo aiutino a decidere. Sua madre, nell'altra stanza, parla al telefono con un'altra delle sue amiche, con una serie di "sì, sì, certo, potrebbe essere una buona idea... e che ne dici se cambiassi il colore del divano?..." e via di questo passo, un punto interrogativo dietro l'altro, in una cadenza che gli fa venire sonno, e voglia di trascinarsi verso il letto.

Un sonno agitato lo prende non appena chiude gli occhi: le voci di tutte le persone che lo hanno consigliato si mescolano nella sua testa e prendono la forma di tanti personaggi, tutti intorno a lui, in una classe di scuola. Qualcuno corre intorno ai banchi, qualcuno si arrampica sui muri. Vede la mamma con il suo telefono attaccato all'orecchio, Edoardo con una lente di ingrandimento, il papà di Edoardo che sta costruendo un castello di carte coi piedi mentre legge il giornale, Rocco e Piercarlo che giocano a palla in un angolo... Vede i professori della scuola nuova: il professore di musica che gli tira le corde del violino come se fossero elastici, e la professoressa di biologia che sta ammaestrando una squadra di formiche... E tutti parlano, parlano, parlano...

Fabrizio si agita, sudato, allunga la mano verso il comodino e urta il vaso. Alcuni petali di piombaggine cadono giù, nel bicchiere

d'acqua che la mamma gli lascia sempre sul comodino, nel caso avesse sete. E, effettivamente, dopo poco la sete diventa una vera arsura, e Fabrizio beve tutto il bicchiere, per trovare un po' di pace nella bocca e nel sogno. E si gira dall'altra parte, continuando a sognare...
Ed ecco che, nel sogno, la porta della classe si apre e la bidella, che ha il viso di... ma sì, di Anna!... dice, con tono di importanza: "Tutti a posto! E' arrivato il nuovo professore!". E lascia il passo ad una figura alta, dai lineamenti orientali, vestita con una tunica azzurra e viola, proprio del colore dei fiori che gli ha regalato oggi. Il volto è sorridente, ciò nonostante nessuno osa fiatare. Arrivato davanti alla classe, dice:

" Ho solo tre cose da insegnare: semplicità, pazienza, compassione.
Questi sono i tuoi più grandi tesori.
Se sei semplice nelle azioni e nei pensieri,
ritorni all'essenza della vita.
Se sei paziente con gli amici e coi nemici,
ti muovi in armonia con le cose che accadono.
Se sei pieno di amore e compassione verso te stesso,
porti pace a tutti gli esseri viventi."
E il silenzio che accoglie nella classe le parole del Maestro si trasforma in Fabrizio in un sonno profondo e tranquillo fino alla mattina.

Che notte! Fabrizio si alza stirandosi, e i fiori che vede sul suo comodino lo fanno sorridere: oggi anche lui ha il suo regalo del giorno! Ma ne ha anche un altro. La sua testa, adesso ,è più sgombra: tutti i sogni della notte hanno portato via le sue incertezze e quella che sente, ora, forte e chiara, mentre va verso la cucina, è una voce che viene proprio dal suo cuore.
- Mamma, ho preso una decisione! – e continua, sorridente – Ho deciso che , dopo tutto, non voglio andare alla scuola sperimentale: ci sono meno vacanze, e più materie... Invece, voglio andare a scuola con Rocco e Piercarlo: sono sempre così allegri, quando li incontro al campo...
- Ma sei sicuro? – dice la mamma, molto perplessa – Proprio ieri il papà di Edoardo mi raccontava delle possibilità di lavoro che apre il sapere una lingua in più... -

-Mamma, so due cose con certezza: che non voglio andare a quella scuola, e che è bene che tu vada dalla signora Anna a prendere un tè, uno di questi giorni, magari anche oggi, se puoi... -
Fabrizio adesso si sente leggero, leggero, come, forse, ci si sente in alta montagna, anzi in altissima montagna, sul tetto del mondo...


## SCLERANTHUS
### (Fiorsecco)

Margherita stringe al petto Fiocco, la sua coniglietta di casa, mentre la accompagna verso la libertà. Eh sì, oggi è un gran giorno. La mamma e il papà di Margherita hanno deciso di separarsi, andranno ad abitare in città diverse, in case di città, e lei non potrà più tenere con sé Fiocco, abituata a scorrazzare in giardino.Mamma e papà l'hanno accompagnata in questo campo, che, hanno saputo, è un terreno ideale per i conigli, e sanno che ci sono tane e conigli selvatici. Fiocco, appena posata a terra, va avanti, timidamente, in esplorazione, mentre Margherita si siede in disparte. Ha detto che non tornerà alla macchina finchè non sarà sicura che Fiocco si trovi bene. E quindi si siede, senza fretta, ad aspettare. Anche per lei è un momento importante. Le hanno detto che ormai è abbastanza grande per scegliere se vuole vivere col papà o con la mamma. Certo, li vedrà comunque tutti e due: ma uno dei due lo vedrà d'estate, e l'altro sarà quello con cui passerà l'anno scolastico . Ha pianto tanto, i giorni scorsi, ma non c'è stato niente da fare: non ci sono altre possibilità, le hanno detto. E lei, ora, deve scegliere.
Le cade lo sguardo su una margherita: chissà se il fiore di cui lei porta il nome l'aiuterà a scegliere. E si mette a strapparne i petali uno ad uno:papà, mamma, papà, mamma... ma, mentre strappa un petalo dietro l'altro, le sembra di strappare pezzetti del suo cuore, delle cose belle che non potrà più avere, di come la sera le mancherà il papà che le legge le storie, in un caso, o di come sentirà la mancanza delle mani della mamma che la pettinano, nell'altro... E, presto, la margherita, non ancora finita, cade giù per terra, mentre Margherita scuote la testa, piangendo un po'.
Laggiù, poco lontano, Fiocco ha fatto amicizia con un coniglietto grigio, che sembra voglia invitarla a seguirlo, ma si ferma, si volta,

guarda lei, e poi torna indietro. E poi, a metà strada, di nuovo si ferma, muove il nasino, si volta, e ritorna verso il coniglietto. E, questo, un paio di volte, finchè, alla fine, si ferma proprio nel mezzo del campo, immobile come una statua.
Margherita si sdraia a pancia in giù nell'erba, e il suo sguardo cade su una pianta strana che ha davanti, e che prima non aveva notato, da quanto è insignificante. Che fiore curioso, senza petali! O, meglio, con petali che sembrano foglie... Ma è un fiore, quello? Ed ecco che, come rispondendo alla sua domanda, sente una voce che le parla nella testa: "Sì, certo che è un fiore, è il mio fiore... Io sono lo spirito del fiorsecco, e, se vuoi, ti racconto la storia della mia pianta, che , tanto tempo fa, ha dovuto affrontare una difficile scelta... potrei chiamarla La storia della non scelta... "
Margherita, troppo emozionata per parlare, scuote la testa per dire che sì, sì, certo, vuole sapere... tanto più che anche lei, ora, non sa cosa scegliere...
"Quando la mia prima antenata stava per fiorire, per la prima volta su questa terra, Madre Natura le chiese di scegliere il colore dei suoi petali, e le disse di scegliere tra rosa e giallo. Passavano i giorni e le notti e la piccola pianta, schiacciata da tanta responsabilità, appena decideva per il giallo si metteva a pensare a tutto l'amore che avrebbe potuto esprimere con dei bei fiori rosa, mentre, se poi decideva per il rosa, subito rimpiangeva di non poter indossare l'allegria del giallo. .Così, arrivò il momento della fioritura e non aveva ancora deciso, finchè l'ultima notte, nonostante le insistenze di Madre Natura, disse che non voleva scegliere. Anche il non scegliere è una scelta, le fu detto, e così Madre Natura non solo la lasciò senza colori, ma anche senza petali! Di pianta in pianta, di generazione in generazione, i fiorsecchi si disperavano ad ogni fioritura, finchè Madre Natura provò compassione e fece loro il dono dell'immaginazione. E così noi fiorsecchi possiamo , oggi, immaginarci i petali che vogliamo, del colore che vogliamo, e siamo felici, come lo è un raggio di luce bianca che, attraversando un prisma, proietta sul muro tutti i colori dell'arcobaleno... "
Che bella storia, pensa Margherita, e che peccato che lei non possa chiedere a Madre Natura lo stesso regalo! Ancora lacrime le cadono dagli occhi e vanno proprio ad appoggiarsi sui fiori della piantina.
Ecco che arriva Fiocco, ancora indecisa se andare o restare. Muove il nasino verso la pianta, stupendosi di quegli odori mescolati: il

profumo del fiorsecco e l'odore delle lacrime di Margherita, che già altre volte ha consolato, i giorni scorsi. E mastica uno dei fiori della piantina, incuriosita dalla strana miscela.
Fiocco, adesso, vede le cose con occhi diversi. C'è un nuovo mondo, davanti a lei, così aperto, pieno di avventure! E la tana dentro la quale è scomparso quel coniglietto grigio sembra invitarla all'esplorazione. Guarda Margherita, e vede una bambina che le sta donando tutto questo. L'amore con cui le fa questo dono resterà sempre con Fiocco, e tornerà indietro a Margherita, moltiplicato, per renderla felice a sua volta. Fiocco ha deciso di andare, adesso, ma prima avvicina il musino al viso di Margherita, ancora triste, e, come ha già fatto tante volte i giorni scorsi, le dà qualche leccatina, mista al succo dei fiori di fiorsecco che sta ancora masticando. E, dopo aver assaporato le sue dolci carezze, saltella via felice, incontro alla sua nuova vita.


Margherita vede il fiocco bianco che è la coda della sua coniglietta scomparire dentro una tana e si sente strana: le dispiace un po' non vederla più, ma allo stesso tempo è felice che abbia trovato una nuova famiglia... E, poi, queste sensazioni mescolate di gioia e dispiacere vengono sommerse da un'onda di sicurezza, che le allarga il cuore e la pancia. E' come se sapesse, adesso, che anche per lei c'è una vita nuova che le riserva cose belle e inaspettate e che, qualsiasi sia la sua scelta, tutto andrà per il meglio. Prende in mano un'altra margherita e comincia a staccarne i petali :con la mamma, ( e dentro la sua testa si formano idee di colazioni pigre, e trucchi davanti allo specchio, e un corpo morbido e profumato che la abbraccia... ), con il papà ( e arrivano idee di vento nei capelli mentre parla con lui andando in bici, e popcorn al cinema, e solletico fino a piangere... ), e così via, petalo dopo petalo, cose buone si aggiungono a cose buone, e colori ai colori, come per la piantina che una volta non sapeva scegliere

# GENTIAN
## (Genzianella)

E' un bel po' che camminano, su in montagna, Gianni e suo zio. Sono gli ultimi giorni di vacanza, e Gianni ha accettato di fare questa passeggiata proprio perché lo zio ha insistito. Non aveva certo voglia di farsi un'altra faticata, sapendo che poi gli faranno male i muscoli, e gli verranno le vesciche ai piedi... ma tanto, giù al villaggio vacanze la situazione è ormai compromessa: Giada, la ragazzina che gli piace così tanto, non se lo fila neanche un po', anzi, molto probabilmente adesso è lì che sta ridendo di lui con le sue amiche. E lui non ha certo voglia di riprovarci, dopo la figuraccia di ieri... Lo zio ha capito qualcosa, perché Gianni non ha potuto fare a meno di sospirare un paio di volte, tutte le volte almeno che si parlava di ragazze... finchè, alla fine, non gli ha raccontato tutto, avendo in risposta solo le cose che sanno dire quelli grandi, con la barba già cresciuta e un bel po' di muscoli. Che voglia che ha, di fermarsi e tornare indietro, magari nella sua stanza, a leggere un giornalino, lontano da tutto e da tutti!... Ed è mentre si libera bruscamente dello zaino per proporre un dietrofront allo zio che - Attento! - gli urla lui, fermandogli il braccio -Stai per appoggiarlo su quella genziana !... - E indica una piantina eretta, che svetta sull'erba bassa, con fiori color porpora, che si affollano compatti, assieme alle foglie allungate: era impossibile non vederla, così solida e colorata! Gianni appoggia lo zaino da un'altra parte, sentendosi, come al solito, goffo e imbranato, e si siede lì accanto, troppo stanco per dire allo zio quello che pensa: che tanto, qualsiasi cosa faccia, Giada sicuramente non gli parlerà neanche più, e che quindi non vale neanche la pena di provarci, a due giorni dalla fine delle vacanze, poi...

Quello che non vedono né lo zio né Gianni è, invece, che una piccola fata vestita di viola, spaventata e emozionata, si alza da sotto le foglie della genziana, che la nascondevano, e vola, agitata, intorno a loro, pensando: " C'è mancato poco che schiacciasse la mia pianta! E' proprio vero che quando si è infelici si guarda solo se stessi e non le meraviglie che sono intorno a noi... povero ragazzo! Meno male che questo bel cowboy " e qui la fata si posa sul cappello a tesa larga dello zio, con atteggiamento malizioso " ha pensato a salvarmi la vita! Avrà la sua ricompensa: tre desideri a scelta, parola di fata!"

Lo zio continua i suoi discorsi istruttivi sulle donne : -... e poi, vedi, le donne giocano a farsi inseguire, a farsi corteggiare... non ti scoraggiare mai, insisti sempre, e vedrai che la spunti... -
La fata, sul cappello, si passa una mano fra i capelli e "Uomini!" dice, alzando le spalle, e accavalla le gambe per stare più comoda, in attesa di mantenere il suo debito.
Il sentiero continua a salire, e non se ne vede la fine, tanto da far pensare a Gianni che forse non esiste nessun rifugio.
-Basta, sono stanco, non ho più voglia di andare avanti – dice Gianni, fermandosi, scoraggiato. – Non ce la farò mai a fare ancora tutta quella salita... - (e guarda sulla mappa il percorso tortuoso che resta ancora da fare).
- Su, su... - lo incoraggia lo zio – che quando arriveremo su ci sarà un bel pranzetto che ci aspetta, al rifugio... -
- Ma se non hai neanche prenotato! – lo interrompe Gianni – Come fai ad essere sicuro che troveremo da mangiare?-
-Trovare da mangiare?! – si scandalizza lo zio – Altro che! Sarà un pranzo sontuoso, te lo dico io!!! Abbi fede!
Gianni ricomincia a camminare e, con tono scettico, dice – E va bene, ma, zio, che vuol dire avere fede?-
"Caspita! Queste sì che sono domande !" pensa lo zio, sollevando il cappello per grattarsi la testa " E io, adesso, come faccio a spiegargliela, la fede, che è una cosa che si ha o non si ha? Come vorrei avere le parole giuste... " La fata della genziana, che gli sta turbinando addosso, ascoltando i suoi pensieri, fa un sorriso di gioia : "Ecco il tuo primo desiderio !" Ed entra subito nella nuvola dei pensieri dello zio, spazza via tutte le parole inutili e spruzza polvere di fata. Lo zio sente che dalla sua bocca escono parole che non ha pensato, e mentre le ascolta lui stesso per la prima volta, dice, rivolto a Gianni:
-Non devi pensare che la fede sia una cosa che ti appartiene. E', invece, una scelta. Se tu fossi sicuro di una cosa, perché è stata provata – per esempio, se tu avessi visto il menù del rifugio e avessi fatto la prenotazione – non avresti bisogno di avere fede. Avresti una certezza. E', invece, il dubbio, che ti spinge alla fede. Ogni mattina, quando ti svegli, e cominci ad avere dei dubbi, hai due possibilità: scegliere di avere fede che tutto andrà per il meglio, o scegliere di pensare che le cose andranno storte. E lo sai quale è la più grande libertà di noi uomini? Che sta solo a noi decidere cosa scegliere. Io ti

consiglio la numero uno : la giornata, così, è molto più facile e allegra... è molto meglio, fidati! –
" O no?" pensa, perplesso, lo zio. "Ma ha senso quello che ho detto? E cosa ho detto?" Guardando il viso un po' confuso di Gianni si rende conto che, sì, qualcosa è cambiato nella sua espressione, ma potrebbe solo essere qualcosa del genere "povero zio, sta invecchiando, queste salite gli tolgono ossigeno al cervello, e non è più lucido come una volta... ";però, il suo passo è un po' più rapido, ora... "E" pensa ancora "come vorrei che capisse quello che cercavo di dirgli, come vorrei che la fiducia, la fede, se la ritrovasse dentro la pancia, così, senza cercare di capirla attraverso le parole, che non so neanche se erano poi mie... " La fata della genziana aguzza le orecchie . "Bene! Un secondo desiderio! Dentro la pancia, ha detto?" Veloce, estrae dal suo sacchetto appeso al collo qualche petalo di genziana, già pronto per l'uso, e, approfittando di una sosta per la pipì, lo lascia cadere nella borraccia di Gianni, lasciata aperta su un sasso, al sole, accanto allo zaino.

Gianni, che adesso è tornato, e sta bevendo a piccoli sorsi, per far durare di più la sua scorta d'acqua (qualcosa gli dice che non gli basterà per fare l'ultima salita) dice, per la terza volta, allo zio: - Me l'immagino già, noi due, arrivati al rifugio, con la lingua penzoloni, a sentirci dire che non fanno il servizio ristorante... Sai cosa penso, zio? – Ma la frase si interrompe a metà, perché, improvvisamente, da dentro la pancia, a Gianni arriva la risposta alla domanda che ha appena formulato... , anzi, è come se fosse la pancia stessa a rispondere: - Penso che avranno preparato tagliatelle ai funghi, e una crostata di frutti di bosco, che io prenderò insieme a una cioccolata calda con panna... me le sento già sciogliersi in bocca... Dai,andiamo, zio, cosa aspetti? Non hai fame? –

Lo zio lo vede, arrossato in viso, che si sta già infilando lo zaino, e si sta incamminando per l'ultima salita, e non crede a occhi e orecchie: Gianni ha trovato la fede! Beh, sì, è fede in tagliatelle, lamponi, e cioccolata, ma è pur sempre fede...

"Ma... " pensa lo zio mentre segue un po' a fatica il passo di Gianni " E se, al rifugio, non ci fosse niente di tutto questo? Se davvero avessero chiuso il ristorante?... Come vorrei che il menu preferito di Gianni fosse davvero lì ad aspettarci!... "

"Niente di più facile!" pensa la fata" ecco il tuo terzo desiderio!" E, veloce veloce, con un frullo d'ali, vola al rifugio, a far apparecchiare la tavola…

## GORSE
### (Ginestrone)

-Eccomi qua, in questo bel giardino. Mi piace quel bambino con quella buffa testa rasata. Peccato che abbia gli occhi così tristi. E sua madre, del resto, non li ha meno tristi di lui… - Sta pensando Dadina. – Adesso mi nascondo qui sotto questo cespuglio e li osservo un po'. Chissà che non possano ospitarmi per qualche giorno… ma voglio essere sicura che sia gente a posto, né vivisezionasti, né smorfetti… -
- Ma quante altre volte ci devo andare? – dice Bambino-occhi-tristi .
- Te l'ho già detto, hai altri tre cicli di che mio… Lo so che è fastidiosa, ma è per curarti… - dice Mamma-occhi-tristi.
- E poi quest'estate torneremo dalla nonna?
- Pensi già all'estate… siamo ancora a febbraio… Vedremo, dipende da come vanno le cose… -.
Mamma-occhi.tristi rientra in casa. Dadina sa che va a piangere, e non vuole farsi vedere. Le cagnette come Dadina, a volte, sanno le cose senza vederle accadere. Le sanno e basta. Sì, pensa Dadina, sono tipi a posto, ma avranno voglia di giocare un po' con lei? Non le basta solo una ciotola di bocconcini, vuole anche qualche corsa e qualche tira-e-riporta e qualche grattatina sulla pancia, e vuole sentire anche il suono della risata di Bambino… Ha ancora nelle orecchie il suono delle risate delle Bambine che faceva giocare prima di partire in cerca d'avventura… Forse non troverà più tutta quella allegria, e quella tenerezza, forse la sua vita è già finita, forse questi giorni grigi e freddi di febbraio non finiranno mai…
Ma ecco che il cespuglio sotto cui si è nascosta comincia a parlarle. Di nuovo, non sa come, ma sa che è lui. Lo sa e basta. E' un cespuglio fitto fitto (l'ha scelto apposta),ma, strano in questi giorni grigi, è già pieno di bei fiori gialli (l'ha scelto apposta) che hanno deciso di mostrarsi, incuranti del freddo, per dire al mondo che la primavera non è lontana. Ha un bel po' di spine (non è certo per questo che l'ha scelto) e deve stare attenta a come si muove, altrimenti potrebbe graffiarsi.
Il cespuglio le parla: " Non perdere mai la fiducia. Guarda i miei

fiori, che si aprono quando tutti sono convinti che esista solo grigio, freddo, e inverno. E se non fossero loro, a dire al mondo che esiste anche altro, magari la primavera non verrebbe mai. Abbi fede e vedrai che, proprio ora che non te lo aspetti più, troverai affetto, allegria, e una casa accogliente... magari solo per un po', in attesa della prossima avventura. Le cose non andranno avanti così all'infinito: c'è sempre la primavera, dopo."
E, come a farlo apposta, il vento tira una folata improvvisa, ad anticipare il vento di marzo, e le gocce di pioggia, che si erano depositate sul cespuglio con l'ultimo acquazzone, scrosciano tutte insieme su Dadina, con una improvvisa doccia gelata. Con un guaito di sorpresa Dadina schizza fuori dal cespuglio, e nell'impeto si graffia dietro le orecchie.
- Mamma, vieni, c'è una cagnetta bianca e nera con un occhio tutto nero! E' dolce, mamma, vuole giocare... La possiamo tenere con noi? –
Mamma arriva e la accarezza con diffidenza, soffermandosi sui graffi sul collo.
Dadina tira fuori la lingua e si lecca il musino. Le gocce del ginestrone sono ricche di fiducia, e, improvvisamente, Dadina sa che da ora in avanti le cose cambieranno in meglio. Lo sa e basta. Punta i piedi e, per l'allegria, si scuote tutta schizzando gocce d'acqua, a pioggia, tutto intorno, su Bambino e Mamma. Bambino ride, adesso, e Mamma dice, con una voce così dolce :- Si è graffiata, povera cagnetta... Non ha collare: resterà con noi, ma solo per un po'... -
Il viso di Mamma è tutto bagnato, adesso, lei può far uscire qualche lacrima e far finta che siano gocce d'acqua (Bambino non se ne accorgerà); ne lecca qualcuna, così, per fare il verso a Bambino, che anche lui si sta un po' asciugando, un po' leccando le mani che hanno un sapore di quasi primavera.
-Vado a tagliarlo un po', quel cespuglio, così potrà giocarci senza graffiarsi -. Mamma taglia con le cesoie qualche ramo del ginestrone e poi, d'impulso, dice : - Quasi quasi porto un po' di fiori in reparto, oggi. Metteranno un po' d'allegria.-
Sotto l'insegna "Day Hospital – Oncologia Pediatrica", sul bancone dell'infermiera sono stati sistemati i fiori gialli, ancora bagnati, e la caposala sta strofinando il naso sui fiori, per sentire se hanno odore; le gocce le bagnano le labbra e rialza il viso con un gran sorriso, dicendo :- Metterò un po' di questi fiori nello studio del dottore.

Credo che gli faranno bene.-
Anche il dottore, che è entrato da poco a sedersi alla scrivania, e guarda rassegnato la cartella clinica che ha davanti,sta esitando e non riesce a iniziare nessun discorso con quella giovane mamma. Fa finta di annusare i fiori che ha davanti e che sono ancora bagnati, chissà perché. Le gocce gli restano attaccate alle sopracciglia un po' sporgenti e poi gli cadono in bocca mentre la apre e la chiude cercando parole di conforto che non riesce a trovare. Poi, guarda bene chi ha davanti, e vede dua paia di occhi luminosi, lucidi, pieni di fiducia e di speranza, e sente dentro di sé, anche lui, quella stessa fiducia, quella speranza che abbatte numeri e statistiche, e dice :- Credo che passerai una bellissima vacanza al mare, quest'estate. –
E' passato proprio un anno, si stanno riaggiornando le cartelle cliniche con i dati dei pazienti. "Dovrò chiedere notizie" pensa il dottore, e in quel momento una mano di infermiera deposita sulla sua scrivania una cartolina. "Bellissima estate, bellissimo autunno, e bellissimo inverno, qui al mare". Le due firme fanno sussultare di gioia il cuore del dottore, anche se si domanda di chi sia la terza firma, non molto leggibile: un nome un po' inverosimile, qualcosa come Dadina...


## **HORNBEAM**
### **(Carpino)**

– Forza, alzati!… Sono venuta a chiamarti già due volte, stamattina!
La mamma di Marco gli toglie di dosso le lenzuola sotto cui si è nascosto, immaginando di essere in tenda, al mare.
E' lunedì mattina e Marco si sente stanco come dopo una settimana di scuola. E pensare che la settimana non è neanche cominciata!… Solo all'idea di dover prendere lo zaino e scendere giù, per andare a scuola insieme a Luna, che verrà a suonare il campanello da un momento all'altro, le gambe si rifiutano di tirarlo giù dal letto e diventano molli come gelatina. I biscotti e il latte non hanno sapore, e la faccia sorridente di Luna non lo rallegra affatto: anzi, quasi quasi lo innervosisce. Cosa ci sarà mai da ridere, di lunedì mattina? Mentre accorciano la strada attraversando il parco in diagonale, per recuperare il ritardo, Luna pensa: " Anche oggi Marco ha uno di

quei musi... Sarà stanco, certo, ma in fin dei conti è primavera, la scuola sta per finire... come fa a non accorgersi che l'aria è così tiepida e che stanno spuntando fiori dappertutto? Gli ci vorrebbe proprio un qualche incantesimo, per fargli ritrovare un po' di entusiasmo... " E, siccome i pensieri di Luna, spesso, soprattutto quando sono ben pensati e accompagnati da amore, diventano bolle che volano in aria in cerca di destinazione (un po' come messaggi in una bottiglia affidati al mare), il suo pensiero, oggi più magico del solito, diventa una bolla lucente come una lampadina. La bolla viaggia accompagnata dal vento sottile di primavera e va a svegliare la fata del carpino, che, a quest'ora, è da poco andata a letto. Fata Carpina si stropiccia gli occhi e pensa "Già notte? La luna è già sorta?", ma capisce presto che non è così: è tanto tempo che non riceve una bollapensiero! Non ha molta voglia di aprirla, dormirebbe volentieri ancora, specie di lunedì, dopo la festa della domenica notte... Ma, si sa, le bollepensiero così luminose sono bolle prioritarie e vanno aperte subito: sbuffando e sospirando, senza nemmeno alzarsi dal letto, la fata apre la bolla con il tocco del suo dito indice, e legge il pensiero di Luna.

"Uffa... " pensa "Un incantesimo da fare già di lunedì mattina?". Alla sola idea la sua bacchetta di fata diventa grigia e corta come un mozzicone... "Magari più tardi... dopo un altro sonnellino... ora sono davvero troppo stanca... ".

All'ora di pranzo, Fata Carpina, col suo travestimento da giorno da signora anziana, piazzata all'angolo di strada con un blocco da interviste ed una vistosa matita gialla nella mano destra, aspetta che Marco scenda dall'autobus, di ritorno da scuola. "Eh sì, è proprio stanco, poverino! " pensa "Per prendere l'autobus per una sola fermata, vuol dire che le gambe proprio non hanno voglia di muoversi... Allora comincerò da lì". Appena Marco scende i gradini dell'autobus, la fata punta la matita prima su un ginocchio, poi sull'altro, e lancia il suo incantesimo. Marco salta giù dall'ultimo gradino, e spicca una corsa, ma dopo due passi, rallenta immediatamente, anzi, si ferma, posa lo zaino, e "Uffa!" sbuffa "Che fatica, oggi, lo zaino è più pesante del solito... ".

Allora Fata Carpina punta la matita sulle sue spalle, in modo che, quando Marco si infilerà lo zaino, siano più forti di prima, ma non sembra che accada granché: sì, all'inizio sembra che cammini più dritto, ma dopo poco ecco che la schiena diventa di nuovo curva, il passo rallenta... "Che cosa ha questa bacchetta, oggi?" pensa la fata, guardando la sua matita gialla che, adesso, è di nuovo corta e grigia "Forse, davvero, sono troppo stanca anch' io, per poter essergli di aiuto... Per ora non se ne fa di niente... ci riproverò oggi pomeriggio... ". E, con questa scusa, la signora con il blocco delle interviste si avvia verso il gruppo di carpini, nel parco, che sono stati fatti crescere con le fronde intrecciate a formare un tunnel, per far crescere un angolo d'ombra per qualche panchina. E, riprese le sue sembianze di fata, si rimette sotto le lenzuola, a dormire di un sonno leggero (il sonno delle fate è pesante solo quando non sono in servizio).

Nel pomeriggio, Fata Carpina viene svegliata dalle voci di bambini che giocano e, a malincuore, esce dal suo tronco e si nasconde sopra il tunnel di foglie e fiori , per controllare se Marco è nei paraggi. E, infatti, è proprio lì, seduto su una panchina, affannato. Ha deciso di smettere di giocare perché, dopo tutto, non ha voglia di iniziare un'altra partita. Si è già stancato abbastanza con la prima. E poi, sembra quasi che stia per piovere. La fata sente i suoi pensieri che si alzano da lui, con stanchezza, ricadendo subito giù a terra. Ha appena deciso di provare di nuovo un incantesimo, che cominciano a cadere le prime gocce di pioggia. Sotto il tunnel non ci si bagna molto ( è una pioggia di maggio) e, presto, le panchine si riempiono, mentre qualche goccia e qualche fiore filtrano giù, cadendo su mamme, piccolini, ragazzi, palloni, e... Marco. Fata Carpina guarda sconsolata la sua bacchetta, sempre corta e grigia, ma ecco che sente, squillante, la risata di Marco... Si affaccia tra le foglie e sbircia giù: Marco ha raccolto la palla da terra e la sta facendo rimbalzare, contando quanti palleggi riesce a fare. Chiacchiera, animato, coi suoi amici, e gli occhi gli brillano, mandando scintille ad ogni scoppio di risa. Be', pensa la fata, dopotutto sembra che le cose si siano aggiustate senza il suo intervento... E, non vista, comincia a seguire Marco, per vedere come procede la situazione. E' smesso di piovere: Marco si asciuga la faccia e corre di nuovo a giocare. Dopo un po' di tempo, però, eccolo di nuovo seduto, a riposarsi, con l'espressione annoiata di prima. La fata ne approfitta per riposarsi anche lei, sulle fronde del carpino, e nel dormiveglia le suonano nelle orecchie le parole dell'insegnante della scuola della vecchia quercia, quando con Smeraldina e le sue compagne imparava il suo lavoro: "Ricordatevi sempre il potere dei fiori... I

fiori sono la parte della pianta in cui terra e cielo si incontrano, sono l'espressione della loro anima... e attraverso i fiori la pianta può, più facilmente, esprimere il suo messaggio... "
La fata si sveglia di botto: ma certo! I fiori del carpino, bagnati dalla pioggia, hanno mandato il loro messaggio di entusiasmo e forza a Marco... Adesso sa che cosa fare, ma, prima, fa un piccolo volo dentro il tunnel, sbattendo le sue ali contro i fiori perché possano bagnarla di una doccia rinfrescante. E, poi, beve un po' della loro acqua. Tutto le sembra facile, adesso: si è perfino ricordata di quella parte del programma che non voleva proprio restarle in mente, laggiù alla vecchia quercia.
La notte, Fata Carpina lavora con i suoi attrezzi:bricchi, borsetta magica con cui innaffiare di luce i fiori immersi nell'acqua, contenitore per essenze, che aggiunge alla sua borsetta di polvere di fata, appesa alla cintura. E, soprattutto, fa fare un bagno rigenerante nell'essenza alla sua bacchetta magica, che adesso diventa lunga e splendente di giallo, come il polline del carpino.

Martedì mattina: Marco si è alzato un po' prima, oggi. "Che miracolo... " pensa sua madre "Ha, sì, la sua solita aria stanca, ma forse un po' meno di ieri, e, poi, il fatto che si sia alzato prima perché, ha detto, ha voglia di fare colazione al bar, è un buon segno: almeno ha voglia di fare qualcosa... "
Marco esce di casa e si avvia verso il bar. Lo segue una signora anziana, con un blocco da interviste e una matita gialla in mano. Al banco del bar, Marco chiede un bicchiere di latte. Fata Carpina vi passa sopra la sua matita, agitandola per richiamare l'attenzione del barista,e, non vista, lascia cadere nel latte, dalla matita, qualche goccia di essenza di carpino . Marco beve il suo latte, e, ancora prima di inghiottirlo, sente un sapore delizioso che gli ricorda prati, odore di fieno, il muggito delle mucche, e la voce della zia... Poi, mangia un morso di brioche e sente il boccone che gli si squaglia in bocca, liberando il sapore dolce di zucchero, farina e uova, e il gusto della marmellata: queste delizie gli scendono giù, in pancia, "più magiche di qualsiasi incantesimo " pensa, " alla faccia di Luna, che è davvero fissata con queste cose!". Poi Marco si volta per uscire, e, dalla porta del bar, già vede il verde del parco, sente le voci dei suoi amici, in cammino verso la scuola, pensa che oggi ci sarà compito ma sa già che non sarà difficile e che sarà perfettamente in grado di

superarlo… Lo zaino è più leggero, oggi, chissà perché… Si avvia verso la scuola, correndo dietro a Luna che è arrivata dall'altro angolo della strada: vuole proprio coglierla alle spalle, per farle uno scherzo…

Fata Carpina, adesso, smesso il suo travestimento, si è ficcata sotto le lenzuola, sorridendo. Non è stanca, anche se ha lavorato tutta la notte. Mentre pensa che è proprio contenta del suo lavoro, in questo parco, mormora : "Certo, queste bollepensiero sono proprio divertenti, a volte… Speriamo che ne arrivino presto altre!"


## **WILD OAT**
### **(Forasacco, Avena selvatica)**

- Finisci la pasta, prima di mangiare la frittata! – dice la signora Sentieri alla figlia Teresa , che, a metà del piatto di spaghetti, smette e attacca una fetta di frittata.
- Ma mi sono stufata della pasta… - risponde Teresa. E scansa il piatto. A metà della frittata, però, lascia lì anche quella, agguanta una mela e si alza da tavola, perché ha visto una bella farfallina bianca al di là della finestra aperta, che reclama la sua attenzione. Mentre si sporge fuori del davanzale, sente il papà e la mamma che, come al solito, discutono di lei:
- Cosa ti dicevo? – dice il suo papà – così come a scuola non si applica a niente, anche a casa non riesce a finire una cosa , prima di iniziarne un'altra…
- Lascia che cresca, prima o poi la troverà, la sua vocazione… -
- Guardala, va dietro alle farfalle!… La vispa Teresa… -
Il tono del papà non le è piaciuto e Teresa chiede : - Chi è la "vispa Teresa"? –
- Ma no… - le dice la mamma – è una vecchia poesia… si chiamavano così, a volte, le ragazze un po' sciocchine, che sono superficiali, che non si applicano a niente fino in fondo, ma che saltellano qua e là nella vita, come delle farfalline… ma il papà lo voleva dire in tono affettuoso, vero, caro?… -
Ma il signor Sentieri si è immerso nel suo cruciverba preferito, e fa finta di non sentire.

- Mamma, cosa vuol dire vocazione?- chiede Teresa, non sapendo se offendersi o meno, per quello che ha detto il papà.
- Vuol dire "la tua strada", la cosa che preferisci fare nella vita, la cosa a cui pensi quando ti svegli e la sera prima di dormire, quello che... -
- Quello che il papà fa sempre quando è a casa? Le parole incrociate sono la sua vocazione?-
Il signor Sentieri fa finta di non sentire e va nello studio, mentre la mamma nasconde un sorriso e continua : -... ... quello che ti appassiona e ti fa ridere di gioia o piangere di commozione, quello per cui senti che la vita è bella anche quando ti vanno tutte storte... -
Ma, neanche a dirlo, Teresa non è rimasta a sentire la fine della frase, ed è già andata in giardino, con i
suoi colori: tempere, acquerelli, pastelli, cere, carboncini, e matite, perché non ha deciso cosa usare per il disegno libero che deve fare per scuola.
Appoggia il bicchiere d'acqua con i pennelli accanto a una bella piantina di avena selvatica, a lato del sentiero, e si siede nell'erba del prato,cominciando a disegnare la pianta... ma il carboncino non è la tecnica adatta, e cambia foglio, prendendo i pastelli...
Ha appena cominciato il secondo disegno che le passa davanti la stessa farfalla bianca di prima, e, con un urletto felice, Teresa infila le matite, per sbaglio, nel bicchiere d'acqua dei pennelli, e salta su correndo dietro alla farfalla...

Il vento diventa un po' più forte, adesso. I fiori del forasacco si scompigliano. Il vento dice alla pianta : "Stai attenta, tieniti più stretta i tuoi fiori, non vedi che rischio di farteli cadere?" e rallenta, diventa più delicato, per paura di staccarli. L'avena selvatica risponde: "E' la mia natura stare qui, in attesa di capire dove voglio andare. Sto qui, vicino al sentiero, pronta a cogliere un'occasione che mi appassioni così tanto da seguirla... è che a volte non capisco, e quelli che passano mi piacciono tutti; allora, qualcuno dei miei fiori resta attaccato ai pantaloni del postino, o allo zainetto di qualche bambino, o al morbido pelo di un cucciolo... " .Il vento fa dei mulinelli vicino ai fiori (è il suo modo di ridere), e le dice . " Affidati a me, penso di poterti aiutare, anche se dovrò aumentare la mia energia, e questo potrà staccare qualcuna delle tue spighette... ".E, colto il cenno di assenso della pianta, comincia ad accarezzarla,

solleticarla, e farla turbinare un po', spettinandole le spighe...
Qualcuno dei suoi fiori cade giù, proprio nel bicchiere d'acqua dove Teresa ha infilato matite e pennelli, prima di correre dietro alla farfalla.
Eccola di nuovo qua, Teresa, un po' annoiata per aver visto che la vita delle farfalle, poi, non è così appassionante come credeva, e poi quella farfallina è volata così in alto che l'ha persa di vista...
Si siede di nuovo accanto al disegno lasciato a metà, che non le piace più, cambia foglio, e decide di cominciarne un altro. Cerca le sue matite, e... "Ma che distratta!" si dice "le ho infilate nell'acqua dei pennelli... Meno male che le ho infilate al contrario, così le punte non si sono bagnate, e posso ancora usarle... " ne prende una e, cercando l'ispirazione, la mordicchia e la succhia, assaporando il sapore d'erba che le spighette dell'avena hanno lasciato nell'acqua.
Ma che idea le viene adesso? Che impulso irrefrenabile... niente disegno, oggi. No, vuole scrivere... vuole scrivere una storia... E così, con la matita verde, senza neanche prendere la penna, comincia a scrivere sui fogli da disegno, a pancia in giù, nell'erba, poi seduta di fianco, su altri fogli, senza interrompersi un attimo. Mentre scrive, ogni tanto, guarda la pianta che ha davanti e che, adesso, visto che il vento si è alzato, si stacca da terra (le sue radici sono così fini... ) e vola via. Le sembra quasi di sentirla dire " Conosco, adesso, quella che è la mia strada... voglio esplorare il mondo... grazie, vento!"
La mamma la chiama a merenda, e non risponde, e dopo un po' Teresa la sente arrivare e lasciare accanto a lei una fetta di dolce. Teresa guarda con avidità il tovagliolo di carta che la avvolge, mette la torta da una parte, per la gioia delle formiche, e prende il tovagliolo per continuare a scriverci su, visto che ha finito i fogli...
E' quasi buio e la signora Sentieri, adesso, è venuta a prenderla, per riportarla a casa a costo di usare la forza. Mentre Teresa afferra tutti i fogli scritti e, un po' recalcitrante, segue la mamma, le dice:
- Sai, mamma, so quale è la mia vocazione: voglio fare la scrittrice... voglio scrivere, non ne posso fare a meno... non riesco a pensare ad una cosa che mi faccia più felice... Posso continuare, dopo cena? -
La cena è stata finita in un attimo, e i piatti ripuliti col pane, e adesso Teresa sta finendo di copiare in bella copia ciò che ha scritto. Poi, finalmente, senza dire altro, va a letto, come se stesse già sognando.
"Be', non solo ha finito tutta la cena, stasera, ma ha anche finito i

compiti" pensa la signora Sentieri mentre le mette in ordine i libri lasciati aperti sul tavolo, allunga la mano verso la penna e la scopre, miracolosamente, già chiusa col suo cappuccio. Li ha proprio finiti: sul quaderno di italiano troneggia la parola FINE sotto un tema. Gira le pagine a ritroso, per vedere di cosa si tratta, e, molte pagine indietro (ma quanto ha scritto?) ,legge :
Tema – inventate una storia a piacere.
E , sotto, il titolo: STORIA DI UNA PIANTINA SENZA RADICI.
Scorre di nuovo il lungo racconto, finchè, subito prima della parola "fine", la sua attenzione è catturata dalle ultime quattro righe, scritte in bella calligrafia:


Ciascuno ha la propria strada. Ogni strada appartiene a dio.
Ogni passo che la percorre, come pure l'orma del piede, appartiene a dio.
Anche l'ombra del piede appartiene a dio.
Tutte le strade conducono a dio.

Tenendo il quaderno aperto come un trofeo, la signora Sentieri avanza, raggiante, verso lo studio, dove il marito è ancora occupato a risolvere i suoi cruciverba, impegnato nella sua strada.

# FIORI PER LA MANCANZA D'INTERESSE NEL PRESENTE

## CLEMATIS
**(Clematide Vitalba)**

Carolina è seduta alla scrivania, pronta a iniziare il compito di disegno geometrico: il progetto di un giardino di città. Il professore, sapendo che lei e i suoi compagni, così artisti, così creativi, come li apostrofa ironicamente, non sopportano la geometria e le prospettive definite, ha deciso di fare un regalo alla classe e ha assegnato questo compito, un po' fuori dal normale.
Fuori, nel sole del pomeriggio, una farfalla bianca si è fermata sul ramo di un albero è giù, giù, in basso vede i fiori che aspettano lei perché li aiuti a scambiarsi i loro messaggi d'amore; ma lei, lassù, sta così bene, così in alto, così lontano dalla vita noiosa di farfalla…
Un giardino, pensa Carolina, guardando il foglio bianco e la linea che ha appena tracciato, e i suoi occhi salgono in aria, vedendo un lago, ruscelli, statue, e fontane, e barchette sotto i salici… quando riabbassa gli occhi, orrore!, il foglio è tutto scarabocchiato con fiori, figure di ragazze sognanti, e coppiette che danno da mangiare ai cigni… Non c'è niente di geometrico! Realizza improvvisamente. E prende un altro foglio…
Fuori, Cleo, la farfalla, sta ballando un valzer tra i fiori. Vaga senza meta, si gode l'aria fresca e vola sempre più in alto, verso le nuvole, sognando posti lontani, e il mare, e le terre colorate e profumate di spezie che stanno oltre il mare…
Carolina, dopo le prime due linee rette, sta disegnando già pagode orientali, e templi indonesiani, statue di buddha, e un mulino ad acqua, e perché non un mulino a vento… Guarda il foglio, ormai tutto riempito di schizzi, e nelle orecchie le tuona la voce del profe : "Ricordate, ragazzi, non siamo a Disneyland!… ". "Aiuto!… Faccio un altro tentativo… " Pensa Carolina, e accende la musica, mettendosi, anche lei, a ballare un valzer…
Cleo è stanca, adesso, di volare senza una meta, e si siede sulla corolla di un fiore di Clematide. Succhia un po' di rugiada che è

rimasta lì dalla mattina, protetta dall'ombra della casa.
"Se passi il tuo tempo a sognare, non avrai più il tempo di realizzarli, i tuoi sogni… " Ecco cosa le dice, quel bel cespuglio bianco, che avvolge il muretto del giardino di una nuvola bianca, una bella nuvola leggera, che, però, è ben aggrappata al muretto con le ventose di un rampicante…
E' vero, pensa Cleo, le piace così tanto sognare, ma ora il sole è già basso, è quasi il tramonto, e la sua vita sta per finire senza che lei abbia fatto il suo lavoro, quello che fanno le farfalle: aiutare le piante a impollinare, e deporre le larve per far nascere altre farfalle… e adesso? Finirà così, l sua vita, con questo senso di vuoto, perché non l'ha davvero vissuta?
Il sole sta tramontando: ormai i fiori sono chiusi, e le altre farfalle stanno andando a fermarsi da qualche parte, per godersi gli ultimi istanti di luce col piacere di aver fatto quello che era giusto fare…
Ma forse può ancora aiutare qualcuno, forse può ancora fare qualcosa, prima di chiudere per sempre le sue ali… E Cleo vede, dall'altra parte del giardino, una finestra illuminata, e dietro i vetri il volto di una ragazzina, che, mordicchiando una matita, guarda assorta il sole al tramonto.
Carolina si sta rendendo conto che la giornata è già quasi finita e che il disegno geometrico non è ancora cominciato. Come ha fatto a non accorgersi del passare delle ore? Adesso, certo, non è che abbia più voglia di prima, anzi, l'idea di mettersi a fare quel compito è, se possibile, ancora più repellente. Se solo potesse essere come quella farfalla, e volare così, senza pensieri, bagnata dalla luce del tramonto, se solo potesse volare dietro ai suoi sogni, così, come lei, giocando con l'aria e le nuvole…
Ma la farfalla "senza pensieri" è invece, adesso, terribilmente pensierosa e vuole aiutare qualcuno a tutti i costi, o non morirà felice. Comincia a sbattere le ali davanti ai vetri, poi picchietta il vetro con le zampine , e fa finta di non vederlo e di voler entrare, sbattendoci contro. Finchè, finalmente, Carolina apre la finestra e Cleo si precipita dentro e va a posarsi proprio sul foglio da disegno, scotendo le ali e fermandosi lì. Non sa che cosa fare, adesso. Vuole solo che quella ragazzina con le trecce scure sorrida di nuovo. Una goccia è caduta dalle sue ali ed è finita proprio al centro del foglio. Carolina cerca di farla alzare in volo di nuovo, ma Cleo, adesso, è ben piantata sui suoi piedi, attaccata come la Clematide al muretto, e

non si fa spostare tanto facilmente.

Carolina raccoglie col dito la goccia caduta sul foglio e si porta il dito alle labbra, chiedendosi che ci fa lì, ferma, quella farfalla, invece di svolazzare, leggera e sognante. La goccia le porta l'energia della Clematide, e di Cleo, e anche i suoi piedi, adesso, sono ben attaccati alla terra, i suoi occhi controllano l'orologio e valutano i tempi: mezz'ora per la squadratura e le prime linee, quindici minuti per completare il progetto, e quindici minuti per le rifiniture. Un'ora esatta, ed è giusto il tempo che manca all'inizio del suo programma preferito alla TV. Va, decisa, a spegnere la musica, e si mette al lavoro. Non sarà il giardino dei suoi sogni, ma un bel giardino, comunque, con panchine e altalene per bambini, e lampioni, e tavoli per pic-nic, e alberi, e fiori, e prati per sedere e sdraiarsi, a guardare le nuvole e... sognare, sì, anche sognare...

La farfalla si è messa da parte, ferma sul davanzale, come a controllare che Carolina stia facendo il suo lavoro, e quando il disegno è finito e Carolina prorompe in un evviva! e in un ballo sfrenato, capisce che la sua presenza, in qualche modo, è servita. Si volta verso gli ultimi raggi del sole al tramonto, pronta ad accogliere la notte. Ma, invece di sentirsi stanca, come sarebbe logico, sente che le sta accadendo qualcosa di strano e le zampine si trasformano in piccole gambe, le ali diventano più grandi, e più leggere, le spuntano due braccia, due piccole mani, e, al fianco, una borsetta trasparente, piena di stelle in briciole, di... ... ma SIII', polvere di fata! Cleo sa che a volte succede, lo raccontano nei boschi e nei giardini, che chi aiuta un altro essere in difficoltà, senza chiedere niente in cambio, viene premiato da Madre Natura, ma non si sarebbe mai aspettata tutto questo: diventare fata!

E così, lasciando dietro di sé una ragazzina che balla e un compito pronto nella sua cartella, accanto alla zaino, si dirige a trovare riparo per la notte, accanto alla Clematide che le ha regalato la vita.


## HONEYSUCKLE
### (Caprifoglio)

Camilla è seduta in mezzo alla stanza senza mobili, accanto a qualche scatolone ancora aperto. Il camion dei traslochi ha già portato tutto nella casa nuova e lei e il papà sono tornati qui, oggi, per finire di prendere le ultime cose. Proprio oggi che è il suo compleanno. Non c'è modo peggiore di festeggiarlo. Appena entrati nella casa ormai vuota, ha cominciato a parlare col papà, a getto continuo, passando da un "Ti ricordi... " all'altro, via via che esploravano le stanze quasi vuote, trovando piccole cose rimaste fuori dalle scatole perché non catalogabili: qualche souvenir di viaggi, la vecchia ciotola del gatto, le rotelline della sua vecchia bici, che ormai non le servono più. Ma la sua allegria, via via che i "ti ricordi" si accavallavano gli uni sugli altri, ha lasciato il posto a un gran magone, a un groppo alla gola che non ha senso, perché si ricorda tanti momenti felici, e non ha senso che le cose felici la facciano piangere. E così, si è infilata nella vecchia camera sua e di sua sorella, dove hanno giocato a tante storie inventate , e riso, e ballato. Dove ha aspettato sveglia il topino dei dentini, e Babbo Natale, e dove il papà le leggeva le storie, tutte le sere quando la portava a letto. Come le mancherà, ora, tutto questo!... , ora che ha il permesso di guardare la TV fino alle dieci, quando non si addormenta prima e non si ritrova già sotto le coperte, ora che, nella casa nuova, avrà una stanza tutta per sé, e sua sorella un'altra, in fondo al corridoio.

Camilla si siede e prende i libri che sono rimasti nella scaffalatura a muro, dove ha conservato i suoi preferiti (gli altri, ormai, sono già stati regalati alle cuginette – ma da questi proprio non riusciva a separarsi). Ecco il libro dei Moomin, e Rasmus il vagabondo, e il GGG , e... Peter Pan! Il libro di Peter Pan, che era finito sotto gli altri e non si ricordava neanche più di avere! Quante volte, pensa Camilla, mentre lo apre, ha sognato che lui entrava dalla finestra quando i suoi genitori erano usciti dalla porta... Dalle pagine del libro che sta sfogliando esce qualche sbuffetto di polvere, e, per la verità, è una polvere un po' strana, non sembra polvere da trasloco, ma piuttosto... polvere di fata, quella di Campanellino e Peter Pan... Camilla chiude gli occhi, si appoggia al muro, accanto ai segni lasciati dai poster, e si sente trasportare in alto, in alto, e indietro, indietro nel tempo, quando era piccola e il suo papà la chiamava la sua streghetta... Vede il suo zainetto dell'asilo, a forma di pecora, e il suo astuccio coi colori, quando poteva disegnare tutto quello che voleva, e non doveva fare disegni per tecnica o studiare la storia; vede le sue scarpette rosa coi brillantini, quelle che non si toglieva

quasi neanche per andare a dormire; e sente le canzoni che cantava al saggio di Natale di fronte alla mamma, alle nonne , e al papà, che la applaudivano; vede il giorno in cui Mel le ha leccato la faccia la prima volta, e la sua lingua un po' ruvida le ha fatto il solletico, ed è entrato con lei sotto le coperte perché aveva paura dei tuoni e la mamma l'ha lasciato dormire con lei...
"Camilla! Camilla! Dove sei ?... " La voce del papà, da sotto, la chiama, e Camilla torna bruscamente alla realtà, con uno starnuto. Dopotutto, forse, quella è solo polvere di trasloco... Chiude i libri nell'ultima scatola e scende giù dove il papà, orgoglioso, sta tenendo in piedi, accanto a sé, una bicicletta nuova fiammante.
"Sai" dice "è il tuo compleanno, non ce ne siamo scordati: e questa è proprio una bici da grande!"
Camilla fa un sorriso un po' tirato, guardando malinconica le rotelline della sua bici di quando era piccola, che la mettevano al riparo da cadute e sbucciature alle ginocchia. Ma ringrazia lo stesso, mentre il magone, dentro, continua a salire.
Nella casa nuova, la mamma le porge un bicchiere di gazzosa. "Vai a vedere il giardino, e, dopo, torna "le dice "anche se non è una vera festa di compleanno, ti dò un po' di soldi per comprarti un gelato, giù al bar... "
Camilla si fa strada in mezzo alle scatole ancora chiuse, ed esce fuori, al sole del pomeriggio, senza una meta, strascicando i piedi nella ghiaia. "Però, questo giardino non è poi così male" pensa, mentre si avvicina a un caprifoglio fiorito. I fiori, rossi striati di bianco, hanno l'aspetto di calici, e fanno pensare al disegno delicato dei calici da spumante della nonna. Bene, perché no? Camilla ne stacca uno e vi versa un po' della gazzosa che ha nel bicchiere. Lo solleva verso il cielo e dice: "Brindo a tutti i miei compleanni passati, a tutti i miei libri di favole ormai chiusi, alla mia stanza dei giochi che non c'è più, a Peter Pan, che non potrò mai raggiungere, lì nell' Isolachenoncè!" E lo beve, fino all'ultimo goccio, gettandosi il fiore alle spalle, come in un brindisi rituale. Ma, invece che sentire il suono del calice che si infrange (e del resto non è che si aspettasse proprio di sentirlo) sente un suono di campanelli. Si volta e vede che è la pianta che sta agitando i suoi fiori, che la chiamano con la loro melodia e la invitano ad avvicinarsi. E Camilla, via via che si fa più vicina, sente un profumo così dolce, così inebriante, che, non sa come, riesce a trasformare la musica di campanelli in parole: "E io

brindo, invece, al tuo compleanno di oggi, al libro di favole che è la tua vita, alla pagina che è aperta in questo momento, alla tua stanza di ragazza, dove non ti stancherai mai di giocare,e a Peter Pan, che ti accompagnerà in qualsiasi momento tu voglia, perché l'Isolachenoncè è proprio lì, dentro il tuo cuore".

Il caprifoglio le ha parlato! Non è un sogno, né un ricordo, è accaduto proprio ora, il giorno del suo dodicesimo compleanno, qui, in questo giardino di questa casa ancora sconosciuta, dove non avrebbe mai pensato di essere felice come una volta! E il brindisi della pianta la accompagna ad esplorare il resto del giardino, dove vede meraviglie inaspettate: un bell'albero su cui ci si può arrampicare, una cuccia per cani ancora disabitata, la sua bici nuova, in garage, accanto agli scatoloni dei vecchi giochi, che, ora, le sembrano così infantili rispetto a ciò che le è appena successo.

La chiamano, da dentro casa, e, oltrepassata la soglia, i suoi occhi si sono appena abituati all'oscurità che, da dietro la porta di cucina, spunta un vassoio con una torta e dodici candeline illuminate, e tante, tante voci che le cantano gli auguri... Riconosce la voce di Mimma e di Luna, la vocetta di Rosa e la voce imbarazzata di Rocco, ma ci sono anche voci che non ha mai sentito, visi nuovi un po' intimiditi ma contenti di mangiare una fetta di torta non prevista e di conoscere una nuova amica, che è appena arrivata e già li invita alla sua festa...

"Che i tuoi oggi siano tutti felici, streghetta... " le sussurra il papà nell'orecchio mentre la abbraccia.

"Certo che lo saranno!" ride Peter Pan, saltando dentro il suo cuore "Qui, nell'Isolachenoncè, non esiste passato o futuro, esiste solo il presente, che è sempre senza confronti, e quindi bellissimo... " E Camilla, tirato un gran sospiro, soffia sulle candeline, in modo che la frase di Peter Pan diventi il suo desiderio di compleanno, di quelli che, si sa, si avverano sempre.


## WILD ROSE
### (Rosa Canina)

"Maria! Perché non vai fuori a giocare?!!" La voce della nonna arriva dalla cucina, ma sembra rimbalzare sul vetro della finestra, e

dal vetro al naso di Maria, che è appoggiata proprio lì sopra... ma si sa, col naso non si ascolta, e dunque Maria fa finta di non sentire. O forse non sente per davvero, almeno sembrerebbe, da quanto rimane immobile. Chi la sente, invece, è Scintilla, la sua gatta, che è anche lei pigramente appoggiata sul davanzale, e adesso si stira, e, avendo capito che di là c'è qualcuno, salta giù e va in cucina, a strappare qualche bocconcino, o qualche carezza sotto il collo.
Effettivamente potrebbe essere logico andare a giocare fuori... non ci sono compiti da fare, a così pochi giorni dalla fine della scuola, e la pioggia di giugno è cessata subito, tanto che il parco giochi dall'altra parte della strada si è già riempito di bambini e di mamme, che asciugano le panchine prima di accomodarsi a chiacchierare fra loro. A parte che, se proprio volesse giocare, potrebbe restare qui, nel giardinetto di casa sua... perché prendersi la briga di attraversare la strada e andare di là, quando qui ci sono le stesse cose? Un po' di sassi, un po' di fiori, le solite, stesse cose... Tanto vale restarsene qui, in casa, a guardare dalla finestra e a sentire, ovattate, le grida e le risate che vengono dall'altro lato della strada. Alcune di quelle voci le conosce bene, perché sono suoi compagni di scuola, e quindi perché mai dovrebbe aver voglia di sentirle ancora più da vicino, dopo che l'hanno annoiata per tutto il giorno? Scintilla arriva, con passo lento (evidentemente la sua spedizione in cucina non è servita a granché) e si piazza, di nuovo, davanti al vetro, con il muso appoggiato alle zampine. C'è un pettirosso, in giardino, che vola avanti e indietro fra l'aiola della rosa canina e la ghiaia davanti al cancello, cercando, chissà, qualche briciola. Altre volte Scintilla si sarebbe lanciata al suo inseguimento, ma oggi lo guarda solo un po' di traverso, continuando a passarsi la zampina sull'orecchio e a sistemarsi meglio, qui dietro il vetro.
"Non puoi stare in casa anche oggi, ti ammalerai!" la nonna è entrata in camera. "I bambini devono giocare... è il loro lavoro! E se non lavorano, niente dolce, la sera!" E, asciugandosi le mani sporche di farina nel grembiule, contenta di aver sfoderato la sua arma vincente, il ricatto, la nonna torna di là. Ma Maria è diventata impenetrabile a qualsiasi ricatto: in realtà non solo non le interessa andare a giocare, ma non le interessa neanche il dolce, e anche la voce della nonna, che sembrava davvero preoccupata, la lascia indifferente... Un urlo, da fuori, cattura la sua attenzione: è Mimma che è caduta e si è sbucciata un ginocchio per riuscire a riprendere

una schiacciata di palla a volo... perché mai darsi tanto da fare: sbucciarsi un ginocchio, perché? Visto che la palla è comunque andata persa?

Il pettirosso, adesso, sta bagnando il becco nel fiore della rosa canina che ha raccolto l'acqua della pioggia recente, piega la testa all'indietro e si fa scivolare l'acqua in gola, poi, con un cinguettio e un frullo d'ali, eccolo qui davanti alla finestra a zampettare sul davanzale esterno, guardando Scintilla con fare provocante. Altro volo, altra bevuta, altra passeggiata davanti al muso di Scintilla. Stavolta il pettirosso ha anche il coraggio di picchiettare col becco sul vetro... Be', certo è strano che Scintilla non risponda alle provocazioni. Maria apre la finestra, per vedere se la freddezza della sua gatta è solo apparente. Ma, con calma glaciale, Scintilla si limita ad allungare una zampina fuori dalla finestra, con i polpastrelli bene in vista e gli unghielli retratti. Il pettirosso è tornato a bere dalla rosa canina e, adesso, a volo radente, come se fosse un aereo in picchiata, passa sulla zampa di Scintilla, e, col suo becco umido, le sfiora i polpastrelli, picchiettandoli e lasciando cadere qualche goccia d'acqua.

Scintilla, infastidita, ritrae la zampa e se la lecca, per poi continuare a pettinarsi testa e orecchie. Adesso il pettirosso si è piazzato, ben fermo, sul cespuglio della rosa canina, senza più alcuna intenzione di spostarsi, sembra. Ma è Scintilla che si alza di scatto e (adesso sì che Maria si ricorda perché le hanno dato quel nome!) balza di là del davanzale, giù in giardino e correndo si apposta sotto la pianta, fissando con intenzione il pettirosso e facendo schioccare i denti.

Certo, pensa Maria, c'è la probabilità che il pettirosso venga acciuffato, tramortito, e riportato in casa per essere fatto rotolare qua e là, come altre volte ha visto fare alla sua gatta, e questa è un'altra noia, perché poi la nonna riattaccherà le sue lamentele... meglio andare ad evitare la cattura. Con calma, stancamente, Maria si avvia verso il cespuglio, pronta a mettersi tra Scintilla e il pettirosso, in caso di attacco.

I fiori bianchi e rosa sono un'esplosione di gioia in mezzo alla pianta, e, con le loro corolle aperte, rivolte all'insù, sembrano festeggiare l'arrivo dell'estate, che vede il sole camminare alto nel cielo. E il pettirosso, anche lui in alto sul cespuglio, aspetta la sua prossima sfida.

Ma, ad un tratto... arriva, addosso alla pianta, dall'altro lato della

strada, una palla, che poi rimbalza addosso a Maria, accompagnata da foglie, fiori, schizzi d'acqua, frullo d'ali, e miagolio di gatta in fuga, oltre che urla e acclamazioni della squadra di Mimma, che ha visto un fuori campo clamoroso...
Maria si asciuga la faccia, infastidita, un po' d'acqua le è addirittura entrata in bocca, e un fiore le si è appiccicato in viso, accanto al naso (ne sente il dolce profumo)... I pistilli della rosa canina le fanno il solletico: ecco perché ha improvvisamente così tanta voglia di ridere, e anche di saltare, per festeggiare il punto vinto a palla a volo da una squadra che non è neanche la sua... Maria adesso tiene stretta la palla tra le mani bagnate: sente, da dietro l'angolo della casa, Scintilla che miagola dietro a qualche preda, e pensa che la nonna, dopo tutto, potrà pure lamentarsi dei trofei di una cacciatrice, ma non può certo impedire alla sua gatta di vivere le sue avventure... E di avventure, in una vita di gatta, ce ne sono tante... Pensandoci bene, ce ne possono essere tante anche nella sua , di vita, visto che dall'altra parte della strada una massa di amici urlanti si sta sbracciando e le sta chiedendo di andare con loro a giocare... Lo sa bene perché glielo chiedono: la sua battuta, a palla a volo, è imbattibile!
Maria respira a fondo l'odore dell'erba tagliata da poco, saltella mentre aspetta che passino le macchine, e poi corre via, urlando, tenendo alta la palla colorata mentre si avvicina a Mimma e a Luna, che vogliono che si unisca anche lei alla partita. Rocco e Michele, invece, vogliono che li segua per dare la caccia a uno smorf che si è nascosto dietro un cespuglio, mentre Piercarlo le sta offrendo un po' del suo gelato.
Quante cose! Troverà il tempo di fare tutto? Ma sì, le giornate di giugno sono lunghe , e la nonna aspetterà ancora un bel po' prima di richiamarla a casa.
Maria si volta a dare un'occhiata al giardino, e la vede proprio lì, la nonna, che non si sta affatto curando di lei, ma , anzi, è impegnata a scuotere una tovaglia piena di briciole sulla ghiaia, e a posare una ciotola di croccantini per terra: ricca merenda per pettirossi e gatta, e, stasera, un pezzo di torta anche per lei.

# OLIVE
## (Olivo)

Ayoub è stanco, stanco, stanco. Posa le braccia sul banco e la testa sulle braccia, chiude gli occhi e si addormenta, anche oggi, come ieri e l'altro ieri, cullato dal suono della pioggia. Piove ancora, non ha mai smesso da quando erano in mare, sul barcone, tutti abbracciati gli uni agli altri, sperando di non annegare. Del resto, dicevano il papà e la mamma, meglio rischiare di annegare che dover scappare, sempre, di campo in campo, con la paura di sentire, ogni notte, i fucili e le mitragliatrici di chi li viene a cercare. Poi sono arrivati in questo paese e li hanno portati in un campo profughi, bagnati, stanchi, ma hanno potuto dormire e mangiare. Ha sentito la mamma piangere, tutte le notti, finchè una mattina gli hanno detto che forse potranno restare a vivere qui. E che dovrà andare a scuola, per imparare la lingua di questo paese, che diventerà la sua casa, dove sarà al sicuro da fucili e da paura, dove potrà crescere e giocare, anche se in una lingua diversa, anche se lontano dai nonni. Il papà era felice, e anche la mamma: ma allora perché l'ha sentita piangere, ancora, e perché lui continua ad aver voglia di dormire, perché non riesce neanche più a giocare a palla con i suoi amici?
E' venuto a questa scuola, ieri e l'altro ieri, ma non ha capito molto. La maestra voleva che disegnasse qualcosa, ma il foglio bianco gli faceva venire un gran vuoto, dentro, e la mano che reggeva il pennarello diventava pigra, stanca, e ricadeva giù.
Anche oggi, quel bianco che aveva davanti gli riempiva gli occhi, finchè non gli si sono chiusi, ed è diventato, dietro le palpebre, il bianco di due ali, delle ali di una colomba che si muovono lente, ad accompagnare i suoi sogni che vanno, ancora una volta, al di là del mare, dove c'è il sole.
Ed è la stessa colomba che lo viene a trovare in sogno la notte, al campo, per portarlo in volo vicino alle stelle, sopra le nuvole, dove non piove più, dove l'acqua non si aggiunge al fango intorno alla roulotte, dove non ci sono guerre, né pianti di bambini.

Fata Olivella sta dormendo profondamente dentro il suo olivo. Ha dormito tutto un giorno e una notte, per la stanchezza accumulata. A causa del temporale che ha colpito l'oliveto e il bosco vicino, non ha avuto tregua e ha dovuto aiutare topolini, uccellini caduti dal nido, formicai distrutti da rivoli d'acqua diventati torrenti, e perfino un gatto che non trovava la via di casa. Certo, la sua bolla di luce la riparava dalla pioggia come uno scudo, all'inizio, ma poi la sua stanchezza era cresciuta così tanto che,a poco a poco, come se le si fossero scaricate le batterie, lo scudo era diventato un colabrodo, finchè, poco prima dell'alba, aveva cominciato a bagnarsi davvero. Si è, così, trovata inzuppata di acqua e di fango, non più in grado di volare, con le ali pesanti e la polvere di fata impastata di acqua. E, così, si è trascinata all'albero, ed è crollata sul letto, dove sta ancora dormendo.

Ma adesso il rumore della pioggia che picchiava sulle fronde dell'olivo non c'è più, e la luce dell'alba filtra dall'apertura del suo rifugio. Olivella sta, appunto, controllando , attraverso le ciglia, il pezzo di cielo che riesce a vedere, quando una figura si frappone fra lei e la luce. Spalanca gli occhi e vede una bella colomba bianca, ferma lì, davanti a lei, con un rametto d'olivo in bocca. Tutto questo le ricorda qualcosa, di quello che ha studiato alla scuola della vecchia quercia: un gran diluvio, e poi la colomba con l'olivo... deve essere già successo, qualcosa di simile... ma non ha certo il tempo di ricordarsene perché ha notato qualcosa che la fa sobbalzare. Il ramo di olivo è fiorito! Il suo olivo è fiorito! E lei non se ne è neanche accorta! Ma quanto ha dormito? Fata Olivella spera di non essere troppo in ritardo coi suoi compiti e, veloce, esce a cogliere fiori di olivo e comincia il suo lavoro di estrazione di essenza, utilizzando barattoli e bottigliette che sono la sua dotazione di fata degli alberi. A lavoro finito, le prime gocce è proprio lei a prenderle, per provare come sono venute, e poi perché, diciamocelo, ne ha proprio bisogno, dopo la faticaccia dell'altra notte! Le gocce la riempiono di una energia fluida, e le sue ali turbinano più veloci, mentre controlla la fioritura dell'albero. Nota però, anche, che la colomba non si è allontanata: anzi le fa cenno di seguirla, per un volo ben più lungo che ai margini del bosco. E Fata Olivella le monta a cavalcioni, apprezzando la morbidezza delle piume, e si lascia portare, in volo...

La mamma insiste, anche stamani, che lui vada a scuola. Ma è così stanco, ancora, e avrebbe ancora voglia di dormire, di starsene lì, a non far niente. Gli ha lasciato la sua tazza di latte sul comodino, mentre lui si nasconde sotto le lenzuola, ancora per un po'. E, così,

Ayoub non vede la colomba che si è fermata sulla finestra aperta, e da cui smonta fata Olivella che, volando veloce, lascia cadere alcune gocce della sua essenza nella tazza di latte. Poi, così come sono arrivate, la fata e la colomba ripartono in volo. Il loro programma di stamani, al campo, è appena cominciato.

Ayoub ha ceduto alle insistenze della mamma e ha bevuto metà della sua tazza. Adesso ha notato che c'è il sole, che, finalmente, dopo tutti questi giorni di pioggia, sta cominciando ad asciugare il fango del campo. E le sue gambe, sarà l'idea di poter giocare a pallone con gli altri, gli sembrano più forti, e hanno voglia di portarlo a spasso: alla scuola nuova, perché no?

Qui, a scuola, Ayoub ha preso in mano i colori e un foglio, e ha cominciato a disegnare, come gli altri bambini. La maestra sembra contenta e lo guarda da lontano, sorridendo.

Nella roulotte, la mamma di Ayoub sta bevendo il latte che è rimasto nella tazza, apprezzando il sapore di ogni sorso. E, poi, comincia a rifare i letti, e le cose che fa ogni mattina, pulendo e lavando, solo che, oggi, le sale alle labbra una canzone della sua terra, della sua lingua, che la fa sentire a casa anche qui, al di qua del mare.

Ayoub ha appena finito il suo disegno che sente una mano che gli scompiglia i ricci. "Bravo!" la voce della maestra gli scende giù come una carezza. Alza la testa e la vede sorridere mentre guarda compiaciuta il girotondo di bambini che ha disegnato, e la colomba bianca che vola in cielo, sopra di loro, grande quasi la metà del foglio. La maestra prende un pennarello e scrive delle lettere, sotto il disegno, e gli fa segno di ricopiare quella parola.

E così Ayoub scrive, col pennarello verde, le quattro lettere della sua prima parola in questa lingua nuova: P A C E.

## WHITE CHESTNUT
### (Ippocastano)

Filippo sta camminando verso la scuola, da solo. Ma in realtà è come se non fosse solo, perché dentro la sua testa una folla di voci non gli dà pace.

"Anche ieri è trascorso senza che le chiedessi niente, non ti fare scappare quest'occasione, finchè lei è nel banco accanto a te!"

"E se la Benedetta oggi è guarita dall'influenza e ritorna nel banco con lei, come farò ad avvicinarla?"
"Potresti chiederle di uscire, dopo la scuola…"
"Mai e poi mai! Piuttosto potresti mandarle un messaggio sul telefono…"
"E se ha lasciato il cellulare a casa, non lo potrà leggere che stasera, e domani è domenica e non la vedrò…"
"Dovresti approfittare di quando lei ti chiede qualcosa, dovresti cogliere la palla al balzo e dirle qualcosa di spiritoso…"
"Magari una barzelletta…"
"Ma non me ne ricordo nessuna…"
"E poi sei un imbranato a raccontarle!"
"E oggi c'è compito di storia, e non hai tanto tempo, devi anche ripassare!"
"Perché la Profe ha già detto che è l'unico compito del quadrimestre…"
"Non vorrai fare una figuraccia, con lei che è così brava…"
Le voci girano in tondo nella sua testa: una voce sembra un po' quella del professore di educazione fisica, una somiglia un po' a suo padre, una è più simile a quella di sua sorella maggiore (e quella è proprio antipatica: è sempre lì a rimproverarlo). A volte le voci, i pensieri, litigano fra di loro, più spesso si rincorrono, facendogli perdere l'orientamento, svuotandolo della spinta per parlare, per muoversi, per dire o fare qualcosa quando è il momento. Come ieri, e l'altro ieri, da quando, insomma, Carolina si è seduta nel banco accanto a lui, per non restare da sola, e le ha scatenate tutte insieme. Per la verità, anche prima, ogni tanto, i suoi pensieri parlavano tra di loro, ma almeno di notte stavano zitti; ora invece, anche la sera, è così difficile convincerli a star buoni per farlo dormire un po'…
Durante l'ora di matematica è entrato un moscone, in classe, e gli occhi che improvvisamente si mettono a seguirlo, nei suoi giri inconcludenti, fanno scattare il professore nella minaccia di interrompere la spiegazione e passare alle interrogazioni. Ventiquattro paia di occhi si puntano immediatamente sul professore, tranne quelli di Filippo che continuano a seguire i tentativi del moscone che, nonostante metà della finestra sia aperta, continua a sbattere contro il vetro della metà chiusa.
"Dai, concentrati sulla lezione!" le dice severa la voce di sua sorella.
"Se lo faccio, Carolina penserà che sono un pusillanime…"

"E perché, lei non lo sta forse facendo?"
"E' per questo che devo farle vedere che… "
"Attento, attento! Sta per vederti… "
"Chi, Carolina?" e con la coda dell'occhio Filippo la controlla, ma vede solo la sua nuca china sul quaderno.
"No, il professore… e potrebbe anche interrogarti, sta scorrendo il registro… "
Le voci di Filippo adesso stanno urlando, tutte insieme, "PERICOLO MORTALE!!!!!", quando la nuca di Carolina si alza, e compare una piccola striscia del suo profilo, fra i capelli. Questo fa tacere per un attimo le voci, che, subito dopo, ricominciano a insistere con i loro
"Dovresti provare a chiederle di uscire… "
"Impossibile, non dirà mai di sì… "
"Probabilmente fuori di qua ha una fila di ragazzi più grandi… "
"Dopo, andrebbe a raccontarlo alla Benedetta, e, da lì, lo saprebbe tutta la classe… "
"E poi, in fin dei conti, penso che lei potrebbe non andare bene per me… "
"Ti roderesti dalla gelosia, vero?"
"Col viziaccio che ha di sorridere a tutti!… "
La campanella della ricreazione, finalmente, riporta la pace: le voci si zittiscono un attimo mentre Filippo tira fuori la merenda e apre il libro di storia, perché, davvero, ieri non è riuscito a fare un gran che, con questa confusione in testa.
Il moscone, nel frattempo, è riuscito ad uscire, e sta ronzando intorno ai fiori bianchi dell'ippocastano del giardino della scuola, cercando un posto dove posarsi. Entra ed esce da dentro i fiori, bagnandosi le ali della loro rugiada, e, progressivamente, le sue giravolte si fanno meno disordinate, meno inconcludenti, e assumono un andamento logico, come se fossero mirate ad un obiettivo, ad esempio l'esplorazione sistematica dell'albero, in cerca di cibo.
Filippo, adesso, si sforza di sfruttare gli ultimi minuti della ricreazione per ripassare storia prima del compito. Ma continua a sentire le sue voci che gli frullano in mente e che gli impediscono sia di leggere sia di mangiare la schiacciata che ha appena sbocconcellato.
Dalla finestra aperta il moscone entra e si dirige, senza traiettorie

inutili, verso il suo obiettivo: la schiacciata di Filippo. E lì, ancora bagnato dalle gocce dei fiori di ippocastano, comincia il suo pasto.
-Cosa fai lì imbambolato? – gli dice bruscamente Carolina – non vedi che le mosche ti stanno mangiando la merenda? – E scappa, ridendo, dopo avergli allontanato il moscone con un gesto della mano così veloce che a Filippo sembra il frullo d'ali di una farfalla. Il moscone va via, non senza aver lasciato cadere una goccia d'acqua sulla schiacciata, goccia d'acqua che finisce subito in bocca di Filippo e che porta con sé, dentro di lui, il messaggio dell'ippocastano, la sua armonia complessiva, che supera la asimmetria e il disordine con cui i fiori bianchi punteggiano la sua chioma.
Il bianco dei fiori di ippocastano spazza via tutti i pensieri di Filippo, che, subito, legge la frase del libro di storia su cui si era fermato da almeno dieci minuti: "Giuseppe Mazzini, col motto "Pensiero e Azione", voleva enfatizzare la concretezza con cui il pensiero maturo diventa realtà, staccandosi dal puro intellettualismo. E questo accade, sempre secondo il Mazzini, quando il pensiero è sconnesso da una spinta ideale e spirituale". "PENSIERO E AZIONE", legge Filippo, evidenziandolo col pennarello. E chiude il libro. Mancano pochissimi minuti alla fine dell'intervallo. Meglio finire la schiacciata: avrà bisogno di forze per affrontare il compito. E Carolina.

Non sa come sia andata, ma manca ancora un quarto d'ora alla fine dell'ora e lui ha già risposto a tutte le domande. Non ha mai scritto così veloce in vita sua. Le risposte gli sono scivolate fuori dalla penna quasi senza pensarci. E ora ha tutto il tempo di sbirciare sul foglio di Carolina che, mentre pensa all'ultima domanda, sta scarabocchiando un fiore su un foglietto appoggiato sul banco in mezzo a loro.
Filippo appoggia la punta della sua penna accanto a quella di lei, e si mette anche lui a scarabocchiare fiori. Uno accanto all'altro, piccoli, a formare una piramide di piccoli fiori, il fiore composto dell'ippocastano che vede fuori dalla finestra. Carolina sorride, stupita e imbarazzata, e si rituffa nell'ultima domanda del compito, quella su Mazzini, che la mette più in difficoltà. Allora Filippo le sfiora la mano, tutta arabescata da finti tatuaggi fatti con la biro, e le mostra il suo compito, in modo che possa leggere quello che lui ha

scritto. E poi scrive, sul foglietto, sotto il fiore appena disegnato: Fai anche a me un disegno sulla mano? E poi chiude gli occhi, perché, ormai, non c'è più niente da fare se non aspettare. Ed è nel silenzio della sua mente, in questo momento presente che dura all'infinito, che sente una mano morbida che prende la sua e la punta di una penna che scorre veloce sulla sua pelle, mentre le dita, gli anelli, e i braccialetti di Carolina lo sfiorano e gli fanno un solletico strano, che non è proprio solletico, perché arriva al cuore invece che alla pancia. Filippo apre gli occhi e vede, disegnata, una coppetta di gelato, con la paletta infilata dentro. Carolina lo sta guardando sorridendo e gli dice :
- Così, adesso, dopo la scuola, me ne devi offrire uno... -
E la sua mano resta lì, fra le sue.


## MUSTARD
### (Senape)

E' pomeriggio tardi e Serena porta Lacrima, la cockerina di sua zia, a spasso nel parco. Lacrima ha proprio gli occhioni all'ingiù a forma di goccia, ma in questo periodo sembra più triste che mai, perché la zia è malata, in ospedale. E non si sa quando ritornerà a casa. E allora Lacrima, adesso, sta a casa con Serena, e esce a passeggiare con lei, tutti i pomeriggi. Ma quello che è strano è che Serena, invece di essere contenta (e ne avrebbe le ragioni, le piacciono tanto i cani) è triste, anche lei, non ha più voglia di ridere, o di giocare, e le cose che prima la facevano sorridere e mettere in mostra tutte le fossette della sua faccia da solletico, adesso la lasciano indifferente. Tutto le sembra uguale, grigio, come se qualcuno avesse spento le lampadine dei colori. Ieri è stata ferma tutto il tempo, qui al parco, accanto al cantiere aperto dei lavori per la costruzione di nuove aiuole; oggi si ferma qui, di nuovo, dove Lacrima, senza guinzaglio, può avventurarsi in mezzo alle zolle di terra smossa dal bulldozer e in attesa di essere lavorata. Ma anche Lacrima non si diverte come dovrebbe: lascia ciondolare le sue orecchie giù, giù, a strisciare per terra, e la guarda da sotto in su, aspettando che lei, chissà come, tiri una cordicella magica per riaccendere il sole.
"Però, che strano: ieri qui c'era solo terra" pensa Serena, notando

che oggi è nato, dal nulla, un gruppetto di piantine dai fiori gialli, che si sono fatte strada, prepotenti, in mezzo alle zolle aperte da poco. Serena le guarda, attenta e incuriosita dalla velocità della loro crescita, e, per la prima volta da quando Lacrima è venuta a stare con lei, si sente interessata da qualcosa. E la pianta di senape lo sente subito, perché comincia a parlarle, senza neanche chiederle il permesso, o spiegarle che non si deve stupire nel sentir parlare una pianta. (Non che questo la stupisca più di tanto: sua zia ci parla sempre, con le piante... Non ha mai sentito loro che le rispondevano, tutto qui, ma perché non dovrebbe succedere?)
"Sai" racconta la pianta" siamo cresciute in una notte perché c'erano le condizioni giuste perché accadesse. I nostri semi sono sempre stati nel terreno, ma sopra c'era la terra compatta, e anche un po' di asfalto duro. Poi, la terra sopra si è fatta morbida, è arrivato l'umido della notte, e stamattina un bel sole ci ha fatto fiorire. Ora aspettiamo altra acqua per crescere ancora di più... è così strano e bello, vero?, che in una pianta così piccola ci sia tutto questo: seme, sole, terra, acqua, e il bulldozer che ha mosso la terra, e l'operaio che guidava il bulldozer, e chi ha preparato la colazione all'operaio, e i tuoi occhi che ci danno la voglia di fiorire ancora, e..."
"Ho capito, ho capito! "la interrompe, annoiata, Serena "perché, adesso, mi racconti tutto questo?"
"Perché quello che vedo nei tuoi occhi mi dice che ne hai bisogno. Hai bisogno che io ti ricordi che, anche dentro di te, ci sono dei semi nascosti, i semi della gioia. I semi sono stati piantati tanto tempo fa: quando sei nata ce n'era già qualcuno, ma dopo ne sono arrivati altri, portati dal vento, dai tuoi genitori che ridevano, o dalle tue amichette, o da tuo fratello, o anche da qualcuno che non conosci che hai sentito fischiettare per strada. Sono arrivati per caso e sono ancora lì, così come i nostri semi sono approdati in questa terra, in questo parco di città. E adesso, così come noi, hanno bisogno di essere portati alla luce, innaffiati, curati da un giardiniere, perché fioriscano nei tuoi occhi."
Serena, mentre la pianta le parla, si è avvicinata, incuriosita, e dietro di lei anche Lacrima, che non capisce il perché di tanto interesse. E mentre Serena, timidamente, carezza lo stelo della pianta, Lacrima non va tanto per il sottile e dà ai fiori gialli una bella leccata... e il sole della senape, tutto il calore che è dentro di lei, illumina, d'un tratto, il cuore di Lacrima, e subito dopo il mozzicone della sua

coda, che comincia ad agitarsi velocissimo, e le sue zampe, e tutto il corpo, finchè, non più trattenuta da niente, si lancia su Serena e la sdraia a terra, leccandole il viso in uno slancio di affetto e riconoscenza. E questo sole, attraverso la lingua umida di Lacrima, passa sulla bocca e sulla faccia di Serena, che non riesce a sottrarsi all'assalto.
"Ecco il sole, ecco l'umidità che arriva nel tuo terreno, smosso dalla spinta di Lacrima e dalle sue zampe che ancora ti pestano stomaco e pancia... , li senti?" dice, ridendo, la pianta." Sentili bene: senti i semi della tua gioia che, adesso, crescono, diventano pianta, e... sì... sì... eccoli qui... li vedo fiorire proprio dentro i tuoi occhi!" Serena, adesso, si è rimessa a sedere, e guarda e ascolta, sbalordita, il fiore di senape, mentre sente davvero, dentro di sé, che qualcosa è stato smosso, e innaffiato, e scaldato dal sole, e che i fiori, appena sbocciati nei suoi occhi, muovono qualcosa anche lì, fino a far sgorgare due, tre, quattro lacrime, che scivolano giù, lungo le sue guance, fino a bagnare la piantina...
"Ecco l'acqua che aspettavamo! Grazie, Serena! Adesso fioriremo ancora di più... "
"E' vero:" pensa Serena "ci sono lacrime che fanno bene, sono come le nuvole che diventano pioggia per sciogliersi e lasciar posto, di nuovo, al sole!" E, attraverso il velo delle lacrime, ricomincia a vedere tutti i colori del parco, i giochi di luce e di ombra delle foglie degli alberi e delle siepi, il colore delle magliette dei bambini che giocano, il giallo, così giallo, dei fiori della sua piantina... ... Porta le mani sul suo stomaco, dove, immagina, erano nascosti i semi della gioia che sono appena fioriti, e dice "Grazie" dentro di sé, a non sa chi: alla senape, a Lacrima, al mondo, a Dio? E poi si china di nuovo sul gruppo delle piantine, abbracciando Lacrima, che continua a scodinzolare e, ogni tanto, a leccarla, e chiede: "Voglio averne cura, di queste piante della gioia. Hai detto che ci vuole il sole, l'acqua, la terra, ma anche un giardiniere. E adesso., il giardiniere, dove lo trovo?"
"Il giardiniere" dice la pianta "sei tu stessa. E tutto quello che devi fare, per aver cura delle tue piantine, è essere presente, dovunque tu sia, qui nel parco, quando sei al parco, a scuola, quando sei a scuola, con gli amici, quando sei con loro. E se ti capita di sentire che i tuoi piedi, il tuo corpo è in un posto, ma la tua testa, i tuoi pensieri, il tuo giardiniere stanno girellando da un'altra parte, allora basta che tu

faccia come ti dico... " e la pianta smette di parlare, ma, allo stesso tempo, continuano a formarsi, dentro la testa di Serena, le sue parole, che sembra che vengano più dal suo cuore che dalle sue orecchie...
E, seguendo le istruzioni, Serena riprende Lacrima al guinzaglio e si incammina verso casa con lei, ripetendosi: quando inspiro penso al fiore dentro di me... quando espiro sorrido al fiore dentro di me...
E continua per un po', al ritmo del suo respiro, che sente entrare e uscire col profumo dell'aria di primavera: penso al fiore... ... sorrido al fiore... ... fiore... ... sorrido... ... fiore... sorrido... ...
Lacrima saltella al suo fianco, agitando la coda, e segue lo stesso ritmo, con la lingua fuori, che ancora è calda del sole della senape.

## CHESTNUT BUD
### (Gemme di Ippocastano)

E' una mattina serena, nel Viale degli Ippocastani, e gli alberi osservano lo svolgersi consueto della vita di una mattina come tante altre.
Ecco la Signora Periodici, che è appena uscita di casa e si è fermata, in giardino, per insegnare a parlare al suo merlo indiano. "Buon .g.i.o.r.n.o... " gli ripete due o tre volte. E lui " Buon... ... CRA!!!" e salta via. "Quante altre volte te lo dovrò ripetere perché tu impari?" gli urla dietro, spazientita, si aggiusta la tracolla della borsetta sulla spalla, e si avvia verso la fermata dell'autobus.
La borsetta è molto pesante, e le dà noia alla spalla, come al solito. Anche oggi ha preso con sé il suo ombrello pieghevole, non si sa mai. Per la verità sono giorni e giorni che il tempo è sereno, e il peso della borsetta, a fine giornata, la farà sbuffare e massaggiarsi le spalle.
"Quante altre volte dovrà accadere perché impari?" Pensano gli ippocastani.
Ecco la Signora Ripetin che si avvia verso il suo negozio di parrucchiera, già col camice bianco sotto la giacca. Peccato, però, che non sia proprio bianco, ma di una sfumatura rosata. Anche stavolta si è dimenticata di levare i calzini rossi di suo figlio dal bucato, e adesso tutto ciò che era bianco è diventato rosato: si

vedono anche, stese sul suo balcone, le magliette rosate di suo marito, che le ripeterà, ancora un volta, che un istruttore di karate non può vestirsi di rosa. "Ma , del resto, una donna che lavora come fa a ricordarsi di stare attenta a ciò che mette in lavatrice?", pensa, scuotendo la testa. "Quante altre volte dovrà accadere perché impari?" Pensano gli ippocastani.
Ecco il Signor Casconi, con la sua giacca a vento dalle mille tasche, che, arrivato vicino alla macchina, comincia a esplorarle, una dopo l'altra, per trovare le chiavi, e, alla decima tasca, decide che le ha dimenticate in casa. E così, anche stamattina, come tante altre volte, rientra, fruga la cucina, il salotto, lo studio, poi, dopo un'esclamazione soffocata, lo si vede uscire di nuovo, estraendo la chiave della macchina dalla tasca dei pantaloni, e partire a tutta velocità, come al solito in ritardo.
"Quante altre volte dovrà accadere perché impari?" Pensano gli ippocastani.
Ecco Teresa, che arriva sulla sua bicicletta, i libri di scuola legati (male) al portapacchi. Eccola: sta per centrare, come al solito, la buca in mezzo alla strada e… BUMP… un libro le cade a terra. Si ferma, poggia la bici, e corre a riprenderlo, sempre più sfasciato, dopo tutte le volte che le è già successo.
"Quante altre volte dovrà accadere perché impari?" Pensano gli ippocastani.
Ecco la vecchia Signora Abbocchi che apre la porta al postino che le sta recapitando un pacco: è un altro elettrodomestico acquistato ad una televendita, che si aggiungerà a quelli già acquistati gli anni scorsi e che sono in uno scaffale della sua cucina, tutti impolverati, lasciati lì dopo essere stati usati solo poche volte. "Quante altre volte dovrà accadere perché impari?" Pensano gli ippocastani.
"Io non capisco una cosa " dice Giovane Ippocastano, quello piantato da poco, per rimpiazzare la scomparsa, per malattia, di uno degli alberi anziani."Perché ci mettono tanto a imparare?"
"E' la forza dell'abitudine, caro, che li fa continuare a fare sempre le stesse cose, senza pensarci, in modo automatico. Chiedi alle tue gemme come ci si sente ad aprire gli occhi sul mondo la prima volta".
"Ci si sente ATTENTI" risponde Giovane Ippocastano.
"Sì,"continua l'albero che è in cima al viale
" attenti a ogni piccola cosa, perché tutto serve ad imparare.

Sperimentare cose nuove e vedere cosa succede:a volte si sbaglia, ma è questo quello che serve, per imparare. E loro, spesso , sono attenti solo da piccoli, quando i giorni non finiscono mai e una stagione sembra lunga una vita; poi, crescendo, sono sempre meno attenti, e il loro tempo gli scivola via tra le mani, mesi e anni passano sempre più veloci, e si trovano vecchi senza quasi accorgersene. Ma se stessero attenti, presenti con la mente mentre il corpo fa le cose che sta facendo, la loro vita sarebbe lunga e ricca, ed ogni errore servirebbe ad aggiustare la loro traiettoria verso la felicità. E' troppo difficile imparare se, quando sbagli, non ti ricordi cosa hai fatto, prima, che ha potuto causare il tuo errore... "
"Vorrei aiutarli... " dice Giovane Ippocastano. "Ma sì, alla prima pioggia ci proviamo, tutti insieme, grazie all'energia delle nostre gemme, ricche dell'attenzione di chi sta aprendosi su un mondo nuovo per la prima volta".
E, quel pomeriggio stesso, comincia a piovere. Strano, visto che non c'erano nuvole, la mattina (può darsi che Madre Natura sia sensibile ai desideri dei giovani ippocastani). E, mentre i passanti del Viale degli Ippocastani tornano frettolosamente a casa, per bagnarsi il meno possibile, chi dalla fermata dell'autobus, chi in bici , chi correndo dalla macchina alla porta di casa, gli alberi scuotono le loro gemme, gocciolanti d'acqua, addosso a loro.
Si bagna Teresa, in bici, mentre pedala veloce facendo lo slalom tra le gocce.
Si bagna la Signora Ripetin, con i suoi capelli strinati dall'ennesima permanente di prova: anche oggi il rappresentante l'ha convinta a provare un nuovo prodotto.
Si bagna il Signor Casconi, che scappa in casa infilandosi la chiave della macchina nella tasca esterna del gomito sinistro.
Si bagna la Signora Abbocchi, che ha scelto proprio questo momento per buttare via la scatola del pacco che ha ricevuto oggi.
Tutti si bagnano, quella sera: tutti, tranne la Signora Periodici, contenta di aver usato, finalmente, il suo ombrello pieghevole.

Ancora un'altra mattinata serena, oggi, nel Viale degli Ippocastani. Giovane Ippocastano aspetta con trepidazione di vedere i risultati dell'intervento dell'acqua e delle gemme, ed è già da un po' che osserva, attento.
Ecco Teresa che arriva pedalando con uno zaino color rosa fucsia,

dove ha messo i suoi libri. Arriva in vista della solita buca, e ci gira abilmente intorno, sorridendo.

Ecco il Signor Casconi, che esce di casa con una tasca rigonfia, e che, prontamente, ne estrae un orsetto di stoffa: è il voluminoso portachiavi di sua figlia, a cui l'ha chiesto in prestito ieri sera. Apre la macchina fischiettando e si avvia lentamente, con tutto il tempo che vuole a sua disposizione.

Ecco la Signora Ripetin, vestita già per il lavoro con una bella divisa color viola: ha deciso di tingere tutti i suoi camici, che metteranno anche più allegria alle clienti. Quanto al bucato del karate, be', vuol dire che suo marito se lo farà da solo: in fin dei conti, è ora che impari anche lui, a fare il bucato.

Ed ecco la Signora Abbocchi che, spenta la televisione e il canale delle televendite, ha deciso che è più piacevole e meno frustrante dedicarsi al giardinaggio, e sta cominciando a strappare le erbacce che, ormai da tanto tempo, stanno infestando le sue aiuole.

La Signora Periodici infila l'ombrello nella borsetta, nonostante il sole stia già giocando col pizzo delle tendine alle finestre, ed esce. Appena chiusa la porta, si sente dire "Buongiorno, vecchia mia, come va la vita?" e, voltandosi in direzione della voce, resta talmente sbalordita nel vedere che è stato il suo merlo a salutarla, che la bocca le rimane aperta a metà. Il merlo, scuotendosi di dosso le ultime gocce, salta giù dal suo piedistallo e atterra proprio su una pozzanghera di fronte a lei, schizzandole in bocca alcune gocce della pioggia di ieri sera. La Signora Periodici si riprende dal suo stupore, scuote la testa, e... guarda il cielo, vede che non c'è neanche una nuvola, e si ricorda di tutte le volte che ha portato con sé tutto il giorno il peso inutile dell'ombrello. Riapre la porta, toglie l'ombrello dalla borsetta, e si avvia al lavoro, leggera, soddisfatta e attenta come mai prima d'ora, come se fosse il primo giorno di una nuova vita.

# FIORI PER LA SOLITUDINE

## WATER VIOLET
### (Violetta d'acqua)

E' ancora fresco il ricordo di Fata Violetta, di quando si abbassava sul dorso di Corvo, per ripararsi dal vento, e stringeva al petto una piantina di violetta d'acqua, la pianta con cui era vissuta fino al giorno prima. Vivevano in un corso d'acqua tranquillo, isolato, in beata solitudine, lontano dal rumore della città e delle persone, e dal chiacchiericcio di altre piante e fate che sono anche simpatiche, sì, ma prese a piccole dosi. Poi, però, erano arrivate le scavatrici per dissodare il terreno e prepararlo per costruirci sopra, e lei era dovuta scappare in tutta fretta. Le fate di città le avevano inviato Corvo, il loro mezzo di trasporto ad alta velocità, per portarla da loro, e lei aveva fatto appena in tempo a prendere con sé la violetta d'acqua, mettendola in un panno umido, per proteggerla fino al loro arrivo.
Adesso abita qui, in questo parco di città, nel cavo di un tronco, dove ha ritagliato uno spazio tutto per sé: non avrebbe potuto condividere l'abitazione con le altre fate, così chiacchierone e rumorose, non abituate al suo silenzio, in cui anche una pulce che muove le zampe sull'acqua fa rumore. Adesso guarda la violetta, immersa in un bicchiere pieno d'acqua, che ha ricominciato, un po' per volta, ad ergersi, illuminando la stanza col lilla pallido dei suoi fiori: lei, da sola, fa più luce di un campo di margherite! Fata Violetta è così orgogliosa di essere la sua fata, che non vede al mondo nessuno che possa starle al pari. Ma la corolla del fiore oscilla piano, tentenna come se stesse scuotendo il capo, e comincia a parlarle: " So che ti senti diversa dalle altre fate; so che le trovi fastidiose; e so che cerchi di stare qui, reclusa in questo tronco, con me, come se fossimo ancora nel nostro specchio d'acqua. Ma se è la pace che cerchi, se è l'armonia dell'acqua e del verde che rimpiangi e che cerchi di ricreare, non è questa la strada. Non è chiudendo l'ingresso di questa stanza che troverai la pace, ma è, al contrario, portando il nostro specchio d'acqua fuori di qua. Apri la porta di questa stanza, apri la porta del tuo cuore e lascia uscire la musica del

nostro silenzio, i colori delicati dei miei petali, l'armonia delle linee che si riflettono nell'acqua. Lascia che escano e lascia che si mescolino, come un granello di sabbia, agli altri granelli fuori di qui. Con umiltà, sapendo che la spiaggia ha bisogno, per essere spiaggia, di tutti i granelli, e che il tuo, il nostro, è indispensabile, come gli altri, anche nella sua piccolezza... "
Fata Violetta, a queste parole, volta la schiena e si affaccia ad uno spiraglio del tronco, guardando, alla luce della sera ormai quasi diventata notte, le prime luci delle fate che si accendono, preparandosi alle solite chiacchierate notturne, in cui si scambiano idee, racconti, e risate. Alcune di loro le trova un po' rozze, con risate quasi volgari, altre dovrebbero mettersi a dieta, per alleggerire il loro volo. Certo, è vero che nessuna di loro ha mai conosciuto il suo mondo, e non possono apprezzare eleganza, silenzio, bellezza, ma... no, proprio non ce la fa ad aprire la porta (come le sussurra ancora, nell'orecchio, il suo fiore). E Fata Violetta fa il gesto di portare le mani alle orecchie, per non sentirlo più. Ma, subito prima di coprirsele, fa in tempo a sentire altre tre parole, che non avrebbe mai voluto sentire: "Stanotte io morirò... ". E, sgranando gli occhi che improvvisamente le si sono riempiti di lacrime, si volta verso il fiore, che continua: "Non è più il mio posto, questo, ma posso ancora essere utile, anche se per questo è necessario il mio sacrificio. Vivrò attraverso di te, se saprai aprire la porta del tuo cuore e raccontarmi al mondo". Piano piano, un petalo alla volta, due, tre petali cadono nell'acqua. Fata Violetta si slancia ad abbracciare la sua piantina, per ritrovarsi subito con le mani immerse nell'acqua, a raccogliere i suoi petali e a portarli alla bocca, per baciarli. L'acqua le bagna il viso, insieme alle sue lacrime, e ,come una serratura a combinazione, con un click dietro l'altro, le porte del cuore della fata si aprono, e lo spirito della pianta si fa strada dentro di lei: la gioia della libertà che compare quando la solitudine non è più isolamento ma compagnia di se stessi, la voglia di mettere a disposizione la propria luce agli altri, con umiltà. Nello stesso modo, con la stessa facilità, le porte del cavo dell'albero si aprono e Fata Violetta esce, volando elegantemente, accolta da gridolini di soddisfazione. "Finalmente! Ci stavamo proprio chiedendo quand'è che puoi insegnarci quel tuo modo speciale di volare, come se fossi la Regina delle Fate in persona... Pensavamo proprio di organizzare un seminario di una notte, se tu sei disposta ad insegnarci... Adesso

che vivi qui, potresti entrare nel nostro piano di servizio per aiutare i bambini... il tuo talento è prezioso... sai, da te irradia una pace speciale, è come se ti seguisse uno specchio d'acqua, dove le nostre emozioni possono riflettersi e calmarsi... " – le lacrime di Fata Violetta si aggiungono a quello specchio d'acqua che la circonda, e aumentano la sua luce – "... e non solo calmarsi, ma essere accolte, abbracciate con amore e umiltà... "

E' tardo pomeriggio, quando Fata Violetta si sveglia: è incredibile che sia riuscita a dormire, con questo frastuono di bambini qua fuori! E' stato il primo sonno tranquillo da quando è arrivata qui. Accanto al suo letto, raggomitolata per terra, è rimasta una delle fate più piccole: figurarsi, una margherita!, che stanotte le si era attaccata in adorazione, e che non l'ha voluta lasciare per andare a dormire nel prato. Be', spera che non diventerà un'abitudine,ma, per stanotte, non le ha dato troppo fastidio. Guarda il bicchiere pieno d'acqua in cui la violetta si è come sciolta, a parte qualche petalo. Ne sente ancora lo spirito, vibrante, dentro di sé, e sa che la sua piantina non vorrebbe pompose cerimonie di sepoltura, ma solo il poter restare, umilmente, a disposizione. E così, cantando una musica dolce, intinge le mani nell'acqua e comincia a disperdere l'acqua al vento, schizzandola fuori dal tronco.
-Ehi, ma che fa qui, piove?- Viola, seduta sulla panchina del parco, alza gli occhi, sentendo qualche goccia atterrare sui capelli. No, nessuna nuvola, in cielo: chissà, forse un uccello di passaggio le ha fatto addosso un po' di pipì. E si pulisce, schifiltosa, i capelli. Riprende in mano il libro che sta leggendo, e ricomincia, per la terza volta, dall'inizio del capitolo. E' strano: le è sempre piaciuto leggere, anzi l'ha sempre preferito ad altre cose come giocare a nascondino o a palla. Ma oggi non riesce a staccare lo sguardo dal gruppo delle sue compagne di scuola che stanno giocando ad acchiappin-fulmine. Le hanno già chiesto se voleva unirsi a loro, e lei, come al solito, ha rifiutato e ha preso il suo libro. Poi, ovviamente, non glielo hanno più chiesto (non come all'inizio dell'anno scolastico, quando non la lasciavano mai in pace per convincerla a giocare). Ma, proprio oggi, questo la fa sentire sola. Lei, sola: una sensazione che non aveva mai provato prima, lei a cui piace da sempre stare da sola. Ogni risata, ogni grido le fanno alzare la testa dal libro, e perde il segno. Si domanda come faceva, i giorni

scorsi, a leggere senza interrompersi mai, incurante di suoni e risate,e... TOC, TOC... due gocce atterrano sulla pagina del libro. Viola alza di nuovo la testa, guardando in alto, dove il cielo è azzurro, quel pezzo di cielo, almeno, che vede attraverso le fronde dell'albero. E, mentre guarda in alto, arrivano tante gocce tutte insieme, che le atterrano sul viso, sugli occhi, sulla bocca. E, che strano, le sembra anche di sentire una musica... .
Bene, visto che qui non si può leggere in pace, pensa, forse è il caso che vada a giocare con le altre. Si avvicina verso il gruppetto, e, stupita, si sente chiedere : - Scusate, posso giocare con voi, per favore? – E la sua umiltà viene premiata da un coro unanime di "Sìììììì, sei quella che ci mancava per poter giocare ai quattro cantoni, perché finalmente siamo in cinque!!"
E sono cinque i petali che cadono dall'albero, uno per uno, seguiti da un getto d'acqua, che li accompagna nel loro cammino di trasformazione.

## IMPATIENS
### (Balsamina)

In casa Svelti la Signora Costanza sta cercando di spiegare a suo figlio Daniele lo svolgimento dell'esercizio di matematica. –Ho capito, ho capito! – dice lui, e schizza in camera. Daniele è detto Scheggia dai suoi compagni della squadra di baseball, perché è un velocista ed è imbattibile nello scappare da una base all'altra, per arrivare a casa base a fare il punto il prima possibile.
Costanza scuote la testa. Come fa ad avere capito, non ha spiegato neanche l'inizio dello svolgimento...
Daniele sta scrivendo sul quaderno la soluzione. La mamma è troppo lenta, quando gli spiega le cose. Lui sa già la fine di tutti i suoi discorsi, ma lei non lo capisce e li vuole finire lo stesso. E poi, quando vede che lui ha davvero capito, finisce per arrabbiarsi anche di più e dice " Se non ascolti gli altri, nessuno ascolterà te!... ".
Adesso, per esempio, lo chiama in cucina, e, col coltello in mano, mentre sta affettando l'insalata, gli dice che è da ieri che non trova Ugo,e che forse... Daniele sa già che gli vuol chiedere di andare a cercarlo e schizza fuori in giardino senza dirle niente, lasciandola

dietro di sé a urlargli – Ma dove vai?... ... -
Ugo, la tartaruga di casa, ha deciso di partire.E' troppo tempo che sta in questo giardino. Di là dalla siepe arriva un richiamo ineffabile, e la voglia di esplorare, di andare avanti, di correre incontro all'avventura, gli mette addosso un'inquietudine quasi spiacevole. La voglia di correre, cresciuta di giorno in giorno nelle sue gambe, gli fa spingere la testa sempre più avanti, verso il futuro che l'aspetta, mentre il peso della corazza e l'inadeguatezza dei suoi muscoli lo trattengono indietro.
E allora su, avanti, con fatica, con rabbia per il suo corpo che non è all'altezza della sua voglia di correre, ma comunque avanti, avanti, senza riposare mai... In una brevissima sosta per riprendere fiato Ugo nota, accanto a sé, una chiazza rosa-viola, un gruppetto di fiori ben strani: "Ieri qui non c'era niente, e oggi, tutto d'un tratto, foglie, fiori e semi già maturi! Perbacco, che velocità! Che bell'esempio da emulare! Chissà se, mangiando un po' di questi fiori, la loro energia non riesca a ricaricarmi, a fornirmi della stessa prorompente vitalità... " E, pensando questo, la bocca di Ugo arriva al più rosa e tenero dei fiori, ne stacca qualche petalo e lo mastica e inghiotte, come in un rito magico.

" Per tutto c'è un momento e un tempo per ogni azione, sotto il sole.
C'è un tempo per germogliare e un tempo per fiorire.
C'è un tempo per correre e un tempo per fermarsi."

Ugo sente, pesanti come pietre, queste parole risuonargli nella testa. E, dalla testa, cadono giù, allargandosi sotto la corazza, e scendono dentro le gambe, rendendole, se possibile, ancora più pesanti, anzi quasi inchiodandole al terreno... Ma come? Tempo per fermarsi, dicono le parole... E lui, che si era nutrito di quel fiore così energico, così dinamico, proprio per poter andare più veloce!... Ecco che, però, quella sensazione di peso nelle gambe si scioglie, e i muscoli che gli dolevano si allentano, diventando quasi liquidi e facendolo sentire in pace. D'incanto, tutte le cose intorno a lui diventano più nitide, più colorate. Compaiono dettagli e particolari a cui prima non aveva fatto caso: quella lumachina che si sta spenzolando da un filo d'erba, quella farfalla bianca che, lassù, sta ballando il valzer, seguendo una sua melodia, il profumo di terra, e la fila di formiche che gli sta attraversando la strada... come mai,

prima, non aveva notato queste meraviglie? Certo è che, visto così, il giardino è un mondo pieno di sorprese, e le terre sconfinate al di là della siepe possono pure aspettare un altro po'… e Ugo comincia a passeggiare, per la prima volta in vita sua.
Scheggia, intanto, è sulle tracce di Ugo. Seguendo il metodo deduttivo descritto nell'ultimo libro che ha divorato (Sherlock Holmes e il Mastino dei Baskerville), ha già trovato le prime tracce, una mezza foglia di lattuga lasciata cadere a tre metri dalla ciotola. Certo, per lasciar cadere così il suo cibo preferito, Ugo doveva andare di fretta… (eh, sì, caro Watson!) e quindi sarà bene seguire la traiettoria indicata dalla linea che unisce ciotola e lattuga… ecco un rametto calpestato… qui, accanto a un gruppetto di fiori color rosa brillante, Sherlock-Scheggia vede dei fili d'erba piegati e schiacciati. Guarda meglio e vede che qualcuno dei fiori è stato sbocconcellato. E, a vedere le dimensioni dei morsetti, deve essere stato un animale più grande di una lumaca e più piccolo di un mastino… forse proprio una tartaruga maschio di circa un chilo e duecento grammi (elementare, Watson!).Adesso bisogna approfondire le indagini:occorre entrare nei panni del soggetto, e per far questo, sì, un investigatore deve essere disposto a tutto e fare proprio quello che è stato fatto dall'indagato… Daniele esita un po', poi stacca qualche petalo di quei bei fiori rosa-viola e li mastica, sdraiato per terra, proprio come doveva aver fatto Ugo. E qualcosa, effettivamente, accade… perché lì, da quella prospettiva così bassa, non solo scopre profumi, colori e particolari di una insospettabile bellezza, ma vede anche, proprio davanti a sé, in linea col suo naso, la codina di Ugo che si muove lentamente, al ritmo dei suoi passi,… un ritmo diverso dal suo solito arrancare, quasi un ritmo da molleggiato, da rapper di periferia… Ma è davvero lui? –Ugo! – Daniele lo chiama, ridendo. E Ugo, sempre con quello stesso ritmo, né veloce, né lento, si volta e… gli strizza l'occhio.
-Mamma! Ho trovato Ugo… Credo che sia lui… mi sembra lui… ma è… SUPER!" Daniele ride, e non riesce a spiegare alla mamma niente di quello che è capitato, anche perché, di fatto, non è accaduto niente…
La signora Costanza, che sta ancora affettando l'insalata, lo guarda in tralice e comincia a dire, come se non avesse mai interrotto il discorso che faceva prima: - Be', meno male. Dopo tutto quello che ho fatto per trovarti una tartaruga di terra,… e quello che faccio per

procurargli l'insalata fresca... - Costanza continua, abbassando il tono di voce e borbottando tra sé, perché sa già che Daniele non la starà più ascoltando, perché sarà schizzato in camera sua... e invece, con la coda dell'occhio, lo vede lì, impalato, che LA ASCOLTA!, e che, sorridendo, le dice:
- E' vero, mamma, grazie. So che hai fatto davvero un bel po' di lavoro.-
La signora Costanza si ferma, senza più parole, e non crede a quello che le sta succedendo.
Daniele, dal canto suo, che come al solito avrebbe potuto dire ogni singola parola di quello che stava per uscire dalla bocca della mamma fin dall'inizio del suo discorso, ha finalmente capito che quello che lei voleva era solo essere ascoltata. Perché a lei non interessava veramente che Daniele capisse quelle parole, più di tutto lei voleva DIRLE, voleva versarle nelle orecchie di qualcuno. E, per questa volta, una volta per tutte, Daniele ha offerto le sue orecchie. E ora, che le parole della mamma sono già finite (così presto?), Daniele può andare in camera sua, senza correre né strisciare i piedi, ma camminando , usando un ritmo (super-giusto!) che gli suona in testa: U-GO, U-GO...


## HEATHER
### (Erica)

"Oh, no!" pensa Erica quando vede che, nel gruppo di oggi dei volontari per "Una Giornata Per Pulire Il Bosco" c'è anche la signora Bottoni, una vecchia amica della mamma, che sta con lei al telefono per ore e che non va più via di casa quando viene a prendere "solo un tè".
"Erica, anche tu qui!" la signora Bottoni la saluta, e, da quel momento, comincia a parlarle di quello che le è capitato negli ultimi giorni, dalla multa per divieto di sosta alla malattia della sua gatta. Fortunatamente, Erica riesce a scansarla, ogni tanto. Preferisce cercare di fare amicizia con gli altri ragazzi del gruppo, dopo aver lasciato Pepe, il suo barboncino, in custodia a suo fratello, che è già andato avanti. E comincia subito, raccontando tutti i suoi gusti musicali a questa ragazzina con l'apparecchio per i denti: peccato

che voglia sempre interromperla (fra l'altro non riesce neanche a parlare bene, con quell'apparecchio)... Dovrebbe essere contenta, che ha trovato lei,Erica, che è così di compagnia e tiene viva la conversazione,e invece dopo un po' Erica la vede allontanarsi e continuare, da sola, la raccolta di cartacce. Ma forse è stata colpa di Pepe, che, come al solito, si è messo in mezzo, dopo essere scappato via da suo fratello ed averla ritrovata. Non sta fermo un attimo e basta che veda che lei sta parlando con qualcuno che comincia a disturbare: salta, guaisce, come se volesse essere lui al centro dell'attenzione. Poi Erica comincia a chiacchierare con il capo del gruppo, approfittando di un momento in cui la signora Bottoni lo ha lasciato libero, e gli racconta della scuola, di come a matematica l'abbiano accusata ingiustamente di copiare quando in realtà stava solo consultando il libro, e del fatto che, per giunta, a casa, la mamma non ha creduto alla sua versione dei fatti. Erica non riesce a credere che il capogruppo sia così poco interessato all'argomento: le ingiustizie dovrebbero farlo indignare, visto che è un volontario dell'ambiente, che vuole combattere per i diritti dei boschi di restare puliti... anche lei ha subito un'ingiustizia, e non meno grave...
Suo fratello, più in là, ha fatto gruppo con dei ragazzi più grandi. Erica si avvicina ma non riesce a farli stare zitti: continuano a scherzare tra loro, per quanto lei dica "Ehi, ascoltatemi, vi voglio dire una cosa... " .Allora ha provato a chiacchierare un po' con lo smorf che sta seguendo uno dei ragazzi del gruppo, strisciando e nascondendosi tra gli alberi: ma appena ha cominciato a raccontargli del suo incubo di due giorni fa, lui ha fatto una faccia disgustata e se ne è andato...
E Pepe, sempre nel mezzo, a mordicchiarle le gambe...
Ecco qua, adesso un insetto l'ha punta e la mano le si sta gonfiando. Erica si rivolge alla signora Bottoni che si è riavvicinata (per la verità sono rimaste solo loro due, isolate dal resto del gruppo) e le comunica il suo dramma, porgendole la mano. Ma lei, figurarsi, è come se non la vedesse, e continua a raccogliere cartacce e cicche di sigarette, brontolando che forse ha sbagliato a venire oggi, che non credeva di dover lavorare così tanto, che pensava che fosse solo un'occasione per parlare con qualcuno...
E così, quando alza gli occhi dalla sua mano ancora gonfia, Erica si accorge di essere rimasta sola, e si avvicina al ruscello che scorre lì accanto, per bagnare la mano.

"Ascolta... ... Ascolta... " Erica sta ancora borbottando tra sé e sé su quanto la signora Bottoni sia stata scortese a mollarla così, senza avvertirla, che si accorge a malapena del sussurro che proviene dalla piantina di erica abbarbicata ad una roccia sulla sponda del ruscello. No, scuote il capo, le è solo sembrato di udire qualcosa: e si guarda intorno, sperando che qualcun altro del gruppo arrivi a portata di voce. "Ascolta!... ASCOLTA!!!" Stavolta la voce sta urlando, tanto da farla sobbalzare e alzare la testa, per individuare chi è che sta parlando. E la voce, si sente benissimo, ora, viene proprio dal piccolo cespuglio di erica fiorita. "Oh... finalmente qualcuno con cui parlare, e che non se ne andrà via... " Sbotta Erica, ma il vento le porta via di bocca queste parole e le porta invece, nettamente, la voce della pianta:
"Ascolta gli altri, e vedrai che gli altri ascolteranno te... "
"Ma io li ascolto, gli altri!" si risente Erica "Prima, la signora Bottoni non ha fatto che parlarmi della sua sciatica, e del fatto che non si può chinare bene, e un sacco di altri malanni... "
"E io ti dico: ascoltali col cuore, non con le orecchie... Se ascolti quando la tua mente è in silenzio, ogni fruscio di rami, ogni canto di uccelli, ogni parola ti dirà qualcosa. E se stai ad ascoltare qualcuno non solo perché vuoi sapere i fatti suoi o perché vuoi dire la tua, ma perché desideri alleviare il suo disagio, allora questa compassione scenderà anche su di te, a portarti altra pace, e non avrai più bisogno di parlare."
Pepe l'ha di nuovo trovata e le sta saltando davanti, per farsi notare, guaendo e grattandole le gambe.
"Basta, Pepe! Non vedi che sto parlando? Anzi, che sto ascoltando? Lasciami in pace!"
Pepe capisce subito che è con la piantina che Erica sta parlando e si siede, per farsi notare, proprio ai margini del cespuglio, facendolo sporgere sul ruscello lì a fianco.
" Io vorrei ascoltare" continua Erica rivolta alla piantina "ma mi lasciano sempre sola... Anche adesso, guarda qui, se ne sono andati tutti... "
"Anche io graffio un po', prima che nascano i miei fiori. Le mie foglie sono invadenti e un po' dure. Poi, fiorisco: e i miei fiori portano gioia e vivacità su queste rocce grigie, e, aperti sul mondo come tante piccole orecchie, mi fanno ascoltare il suono del vento, la voce degli uccelli, la musica del ruscello, e le lamentele delle

bambine come te... e, a proposito di lamentele, non è che diresti al tuo cane di spostarsi, perché mi sta facendo cadere nell'acqua? Alcuni dei miei fiori già si stanno bagnando nel ruscello..."
Erica sbuffa pensando che la piantina la fa facile: occorre solo fiorire! Come se lei sapesse come si fa... Scuote la testa e decide, intanto, di bere un po': le si è seccata la gola a forza di parlare, stamani. Si china sul ruscello, a valle della piantina, e beve un po' d'acqua. L'acqua ha raccolto l'energia della pianta, che le scende giù nel cuore, facendolo fiorire. Erica si sente come sbocciare e aprirsi, attenta, all'ascolto. Subito si ricorda di quello che le ha chiesto la piantina, chiama Pepe accanto a sé, e sistema di nuovo il cespuglio, anche se un paio di rametti fioriti restano lì, a farsi bagnare dall'acqua. Poi, aiuta Pepe a bere, carezzandolo. E Pepe, anche lui, trova la pace, e, dopo aver dato una leccatina alla gamba di Erica, si sistema, quieto, accanto a lei.
"Grazie di avermi aiutato" dice la piantina, e continua:" E, adesso che sai ascoltare, comincia ad ascoltare te stessa. Ascoltati come si ascolta un fiore, una nuvola, un fruscio... "
Erica si ascolta: non più parole, o meglio, sì, qualcuna, che però scorre via, come il vento che passa, come i fruscii delle foglie,e, sotto, una pace tranquilla, un silenzio calmo, un'acqua pronta ad accogliere i sassi che la fanno increspare in cerchi...
"Ah, sei qui, finalmente!" Eccolo un bel sasso, ad increspare il suo specchio d'acqua. La signora Bottoni è sbucata dietro di lei, con in mano il sacco dei rifiuti. "Non sapevo più dove trovarti... Sai, ero andata a parlare con gli altri e ti avevo persa di vista, poi mi è scoppiato un gran mal di testa... ma così forte che mi sono dovuta sedere un po' sotto un albero... e non ti puoi immaginare cosa mi è successo: non solo mi ero seduta su un formicaio, ma ,anche, la resina dell'albero mi ha rovinato il golf... sai, questo è un golf abbastanza costoso, l'ho comprato in centro in quel negozio in Piazza Duomo... Allora, dunque, cosa ti stavo dicendo?"
"Del mal di testa, signora Bottoni... Si sieda qui un attimo, le bagno la fronte".Erica bagna il suo fazzoletto nel ruscello e glielo appoggia sulla fronte. Qualche goccia le cola giù sul viso, sulla bocca.
"Sai che sto già meglio?" le dice, più calma, la signora Bottoni. E, subito dopo, le prende la mano :"Ma è passata quella puntura d'insetto? Fa' vedere... "
E, mentre scruta la mano di Erica, seduta accanto a lei, con Pepe

addormentato lì vicino, c'è un gran silenzio, rotto solo dal fruscio del vento fra gli alberi.

# FIORI PER L'INSENSIBILITA'
# ALLE INFLUENZE E ALLE IDEE

## AGRIMONY
### (Agrimonia)

"Armando, Armandino!... " La mamma lo chiama da lontano " A merenda!... "
"Armandino!... ARMANDONE!... Vai a prendere il tuo biberon di cioccolata, vai!... " Lo rincorrono gli amici. Armando saltella ritmicamente, allontanandosi, e dice, ridendo: "Guardate come rotolo... la vera palla di lardo che rotola verso il suo banchetto del pomeriggio... " E ride ancora, voltandosi ogni tanto per vedere se la sua scena improvvisata ha suscitato l'ilarità che sperava.
C'è solo un attimo in cui il viso di Armando ridiventa serio, forse anche un po' triste, ma è solo un attimo, e passa subito, appena entra in cucina e trova il suo pane e cioccolata che lo aspetta, insieme all'ultimo numero del suo giornalino preferito che gli ha comprato la mamma. E poi, con i suoi trofei, via a stravaccarsi davanti alla TV, in attesa della cena... e del dopo cena, con noccioline e popcorn.
Fata Guglielmina, come ogni sera quando fa buio, ha appena salutato la sua pianta, e sta iniziando a perlustrare i dintorni. La sua pianta, pensa. La sua agrimonia, la pianta di San Guglielmo, è appena fiorita. Così umile da crescere fuori dai giardini, accanto ai margini dei fossi, ma così eretta, così dritta sull'erba che la circonda, come fosse la guglia di una cattedrale, col giallo dei suoi fiori che porta gioia, e la dirittura morale che la connette direttamente al cielo e che le impedisce di mentire. Ogni volta che fiorisce è come se si rinnovasse un miracolo e una nuova forza spinge Guglielmina a portare il suo messaggio a chi ne ha bisogno. Ecco qui, dietro le finestre socchiuse, per esempio, questo bambino grasso, Armando. E' da un po' che lo tiene d'occhio, che vede i suoi banchetti notturni a base di tazze di cioccolata e biscotti, mentre guarda la TV in fondo al letto, in cui trasmettono scene finte di un mondo finto, dove tutti sembrano belli, e dove sono finti anche sorrisi e lacrime. E Armando, pensa, ha imparato da lì. Ha imparato a fingere. A fingere

anche a se stesso che tutto vada bene, sempre. A cambiar discorso, quando sente che potrebbe arrivare qualche lacrima, così, con disinvoltura, come cambia canale col telecomando. Ma stasera la fata ha proprio voglia di chiacchierare un po' con lui. E Guglielmina entra in camera, proprio a metà di un sorso di cioccolata dalla tazza fumante, che viene prontamente riappoggiata sul comodino, per non farne cadere neanche una goccia, da un Armando completamente sbalordito. "Ma va?! Una fata dei fiori... Allora dopotutto la piccola Rosa ogni tanto le racconta giuste, le cose... E tu che ci fai qui? Vuoi un po' di cioccolata?"
"No, grazie, la cioccolata mi fa ingrassare, e avrei qualche difficoltà a volare... Io voglio restare in forma, mica come te... "
"Ma io," dice Armando" voglio essere grasso, lo faccio apposta... "
" Ma a chi la vuoi dare a bere? A me no di certo, proprio oggi che sono stracarica della sincerità che mi ha trasmesso il mio fiore, e le balle le riconosco lontano un miglio... ... Adesso, invece, dimmi la vera ragione per cui vuoi restare grasso!" E, dicendo questo, gli spruzza addosso un po' di polvere di fata.
"Io... "balbetta Armando, sotto l'effetto della polvere di fata che lo rende sincero "voglio restare grasso perché non voglio restare solo... perché così faccio ridere i miei amici... faccio un po' il pagliaccio... e così mi portano sempre con loro... ... "
"E tu pensi" Fata Guglielmina adesso gli sta agitando davanti la sua bacchetta magica" che non saresti in grado di far ridere se fossi magro? Guardati un po' nello specchio... "
E Armando vede la sua immagine, nello specchio dell'armadio, diventare improvvisamente magra, con il pigiama che, adesso, gli ciondola da tutte le parti, e che, insieme alla sua faccia stralunata, fa scoppiare Guglielmina in un accesso di risa... E ride, ride... ... mentre Armando si tocca e scopre che è sempre grasso, che è solo lo specchio che gli fa vedere se stesso magro... Ride, ride rotolandosi in aria e facendo capriole... mentre Armando ha cominciato a fare le boccacce e le facce di fronte allo specchio, per provare il suo nuovo look... ride, tenendosi la pancia che la camicetta gialla le ha lasciato scoperta, e il suo volo diventa un po' ubriaco, portandola a sfiorare la tazza di cioccolata. "Via dalla mia cioccolata " ringhia Armando, fingendosi arrabbiato, e da Guglielmina, che sta ormai lacrimando dal gran ridere, cadono due lacrimoni dentro la tazza, mentre si allontana in volo. Armando, adesso, che sta ancora sghignazzando,

ma è un po' imbronciato con la fata per lo scherzo che gli ha fatto, si beve la cioccolata, così come ha sempre fatto, con la stessa vecchia tecnica di cambiare canale quando qualcosa lo turba. E la sincerità dell'agrimonia entra dentro di lui, ben più dolce della cioccolata. E Armando si guarda dentro lo specchio e rivede l'Armando magro, la sua faccia allegra e più adulta, che si poteva intuire dentro i suoi lineamenti da luna piena. Onestamente, capisce che gli piacerebbe provare ad essere più magro, per sentirsi leggero e poter giocare meglio, e non sentirsi più chiamare ciccio... Armandone... bomba umana... Capisce anche che ha paura di non riuscire, e che avrà bisogno di aiuto, e uno, due singhiozzi gli muovono la pancia, e, dietro i singhiozzi, lacrime vere gli bagnano la faccia. Si sdraia sotto le coperte, stranamente in pace nonostante le lacrime, e Fata Guglielmina gli accarezza il viso con le sue ali, prima di uscire dalla finestra.

Di questa stagione fa già molto caldo e Armando e la banda si sono rifugiati nel fresco della casa di Maria, di fronte al parco. "Dai, Armando, facci ridere un po', che dopo ti diamo il biscottino, dai!... " I ragazzi cominciano a stuzzicarlo, come al solito. Ma oggi Armando è come se fosse nuovo: si sente diritto, sicuro, rivolto al cielo come un pinnacolo, e guarda dritto negli occhi i suoi amici mentre dice, sinceramente . " Ragazzi, oggi mi sento uno schifo. Ho capito che non vorrei essere grasso, e non ho voglia di ridere, né di farvi ridere... e se preferite che vada a casa ditelo pure, forza, tanto non può andare peggio di così... " Ma gli occhi che contraccambiano il suo sguardo sono aperti, affettuosi, curiosi di questo nuovo Armando che vedono, e, uno alla volta, cominciano a dire "Allora, ti facciamo ridere noi... " "Ti racconto io una barzelletta... " " E io ti voglio raccontare di come la mia mamma ci ha fatto mangiare minestrone per un mese, perché era a dieta, ma poi alla fine è dimagrita, ed è anche diventata più di manica larga... " " E io prometto di non offrirti più il gelato... " "Ma quando mai, se sei uno spilorcio che non lo offri neanche a te stesso!!!" E, visto che tra risate e pacche sulle spalle Armando ha ritrovato il buonumore, la nonna di Maria si avvicina e dice a Piercarlo, che sta mangiando delle patatine, di smetterla o si rovinerà l'appetito per la cena. E aggrotta le ciglia, per fargli capire che non è il caso di mangiare schifezze di fronte ad Armando, per non fargli venire voglia. E Armando coglie la palla al balzo e, di slancio, dice: " Ma sì, dai, via le schifezze, anzi, lo sapete che faccio? A partire da oggi, mi metto a dieta. Sarà dura, ma ce la farò". E tira fuori dallo zaino la sua merendina al cioccolato e la regala a Rosa, la sorellina di Rocco, che è da un po' che lo tira per la maglietta e gli chiede di riportarla a casa perché ha fame. Con la bocca ancora piena, Rosa gli sale sulla schiena, buttandogli le braccia al collo, e gli dice " Ti voglio bene, Nanno"...

Appena fa buio, Fata Guglielmina passa in volo davanti alle finestre di casa Mascheroni. Vede Armando che, a tavola, sta parlando alla mamma. La signora Mascheroni lo sta ascoltando, seria. Poi sorride, fa cenno di sì con la testa, lo abbraccia, e poi rimette in frigo la torta, che aveva già tirato fuori. Alla TV, i solito presentatore faccia di plastica sta mostrando i suoi denti, cercando di far credere che sta sorridendo. Armando guarda la TV e fa una smorfia. Allunga la mano verso il telecomando e, subito prima che lui spenga, Fata Guglielmina vede che, nonostante sia una faccia di plastica, però nei suoi occhi c'è qualcosa, c'è qualcosa... " Be', per stasera va bene così, ma, magari, domani notte andrò a fare una visitina anche a lui... " E con un frullo d'ali continua il suo giro di ronda.

## CENTAURY
### (Centaurea)

Che caldo, in questa giornata di luglio! Il campo ai margini del quartiere ha il terreno tutto secco, e non c'è neanche un filo d'ombra. Cecilia lascia libera Regina, la cagnetta di suo fratello, e decide di sedersi per terra ad aspettarla, attratta in modo quasi magnetico da una bella piantina dai fiori rosa brillanti, imperturbata nella sua bellezza, nonostante l'arsura e il poco verde che la circonda. Anche oggi, come al solito, sta a lei portare fuori Regina. E cominciato un giorno, dopo che la mamma è andata via in un'altra città a trovare lo zio che non sta bene, e che li ha lasciati "in affidamento" alla signora che viene a fare le pulizie, la signora Comandini. Suo fratello ha detto che non aveva voglia di portar fuori Regina, la signora Comandini ha detto che non era certo compito suo, Regina l'ha guardata con occhi imploranti, e così si è offerta lei. Ma poi, dopo di allora, hanno dato tutti per scontato che

tocchi a lei farlo, e così si sente dire bruscamente "Cecilia, devi portar fuori il cane!". E lei a volte ne ha voglia, e lo fa, ma a volte non ne ha proprio voglia, ma non riesce a dirlo, e lo fa lo stesso. Come oggi. Oggi che era immersa in un bel libro che le è arrivato per corriere, spedito dalla mamma. E' un libro di favole famose: certo, alcune le conosce già perché le ha viste ai cartoni animati, ma a leggerle è diverso, si scoprono tante più cose… E, poi, vedere la TV, adesso, proprio non è per lei. Da quando la mamma è partita, suo fratello Augusto si è piazzato davanti al televisore, ha sequestrato il telecomando, e decide lui cosa e quando si deve vedere. " Cartoni animati, pfui… " dice. Adesso vedono solo telefilm o film in cassetta che "non sono adatti", dice la signora Comandini, che a volte si siede a vederli con lui, mentre lei finisce di lavare i piatti in cucina, la sera dopo cena.
Stava proprio leggendo Cenerentola, poco fa. Non è mai riuscita a vederlo, il film, e così non conosce neanche la storia. Le sembrava proprio di essere lì, con lei, a pulire la cenere del camino, e a chiacchierare coi topolini, lei che a volte la sera parla con le sue bambole, le sveste, le lava, le riveste, gli fa le fasciature quando si ammalano, e canta la ninna nanna per farle addormentare.
Solo che lei, una notte così bella come Cenerentola che ha ballato tutta la sera col principe, non l'ha mai passata in vita sua… Be', sì, c'è stata quella sera che con tutte le sue amichette è andata al pigiama party di Margherita, la sera del suo compleanno, ma non è potuta restare a dormire perché la signora Comandini non ha voluto: le ha detto che lei, la mattina, di andarla a prendere fin laggiù per poi portarla a scuola non ne voleva proprio sapere. E così è passato Augusto, la sera tardi, sghignazzando come non mai nel vedere tutte loro con torta e patatine, a vedere una cassetta di un film pauroso, e l'ha portata via prima che lei potesse vedere la fine…
Insomma, stava leggendo quella favola, ed era proprio arrivata al punto in cui Cenerentola viene rinchiusa a chiave in una stanza perché non possa essere presente alla prova della scarpetta, che le voci in coro di Augusto e della Signora le hanno imposto di portare fuori Regina… Adesso vorrebbe fare in fretta, per correre a casa a finire la storia, che ha proprio paura che non finisca bene. A volte queste favole di altri tempi finiscono proprio male, e lei avrebbe voglia di strappare le pagine del libro e riscrivere il finale, ma… le dispiace per il libro, per la mamma che gliel'ha regalato, che

potrebbe rimanerci male...
Il suo sguardo continua ad andare alla pianta dai fiori rosa: è di quel colore che si immagina il vestito fatato di Cenerentola. Il rosa è il colore della bontà, e Cenerentola è proprio una ragazza buona, che fa sempre quello che le chiedono senza lamentarsi mai. Proprio come dovrebbe fare lei, quando la Signora le chiede di stendere il bucato, e di lavare i piatti, e di spazzare per terra, e di pulire il bagno, e di portare la spazzatura fuori, e rifare il letto suo e di Augusto... mentre a volte le verrebbe quasi di dirglielo che la mamma ha incaricato lei di fare tutto questo, e che lei ogni tanto vuole anche giocare, o leggere... le verrebbe quasi di dirglielo... quasi.
Cecilia tira fuori dallo zainetto la ciotola per Regina, e la borraccia con cui le ha tenuto in fresco l'acqua. Che voglia che avrebbe di berne un po': fa così caldo! Ma certo Regina ha tanta più sete di lei, e poi suo fratello si è tanto raccomandato di farla bere. Appoggia la ciotola sotto la piantina che le piace così tanto, che tenga ancora un po' in ombra l'acqua. E poi versa l'acqua nella ciotola facendola scorrere sulla piantina, così rinfresca un po' anche i suoi fiori: anche lei avrà caldo, certo, e così, con la stessa acqua, rende un servizio alla pianta e alla cagnetta.
Regina arriva, tutta trafelata, e si precipita sulla ciotola. Ne lascia appena un po' sul fondo, e corre via di nuovo. Che voglia che le fa, quell'acqua avanzata! Ma non può berla: Regina potrebbe volerne ancora... Allora Cecilia fa a patti con la sua sete e intinge le mani nell'acqua della ciotola e se ne passa un po' sul viso, per rinfrescarsi, succhiandone appena qualche goccia. E la centaurea, la piantina dai fiori rosa, che ha versato la sua essenza nella ciotola, entra dentro di lei e la fa sentire diversa, come se vestisse un vestito fatato di color rosa brillante. La fa sentire proprio come lei: così splendente e bella, per chi la sa guardare, anche se a prima vista non la si nota. Così unica, né serva, né regina, ma semplicemente se stessa, contenta di esserlo e di poter fare della sua vita quello che vuole. Essere di aiuto le piace, sì, ma non vuole ritrovarsi a bere di nascosto gli avanzi del cane di suo fratello! Cecilia prende l'acqua avanzata e se la versa in testa, per finire di rinfrescarsi. Poi, con voce ferma, chiama "Regina! Qui! Andiamo a casa!" e, veloce e decisa, la lega al guinzaglio, tirandola un po' quando lei si ferma ad annusare qualcosa. Vuole sbrigarsi a tornare, non vede l'ora di finire la storia.

Mentre cammina, pensa più intensamente che può:" Dai, Cenerentola, liberati dalla tua prigione, fatti sentire, dì che eri tu quella notte, dì che non vuoi più fare i lavori di casa per le sorellastre, riprenditi la tua vita e la tua libertà... " E sta ancora pensando questo, ripetendolo ancora e ancora, quando entra incamera sua, dopo aver lasciato Regina a suo fratello e avergli detto "Ultima volta che te la porto fuori io con questo caldo!", e si precipita sul libro. Apre le ultime pagine della storia e , evviva!, scopre che anche Cenerentola ha capito che ha gli stessi diritti di tutti gli altri; che riesce a dire che la scarpetta è sua, e che, alla fine, non diventa cattiva, anzi resta buona lo stesso! Infatti fa sposare le sorellastre, e perdona la matrigna...
Cecilia chiude il libro, contenta. Va in salotto, dove la signora Comandini sta guardando la TV, e le dice: "Oggi ho deciso che non pulisco io la cucina. Preferisco scrivere una lettera alla mamma, così le racconto di me, di noi... "
"Certo... certo... " borbotta la Signora alzandosi "tanto lo so che tocca fare tutto a me ... " .Ma, che strano!, va lo stesso verso la cucina, così come suo fratello le fa posto accanto a lui: è bastato dirlo!
E, dentro di sé, Cecilia pensa: "... e così Cecilia visse per sempre felice e contenta, insieme a tutti coloro che amava... "


## WALNUT
### (Noce)

L'hanno portato in fretta via dal negozio e da tutti gli altri: ora vede il viso della bambina che tiene in mano la sua gabbietta, dove è cresciuto e dove viveva così tranquillo. Tutto intorno a lui c'è un giardino, bello , sì, ma così grande... Adesso la porta della gabbia si apre e una mano fruga dentro, per prenderlo. Sa già cosa succederà: puliranno la gabbia, e poi lo rimetteranno dentro. Ma, invece, finisce che lo lasciano fuori dalla gabbia, ed ogni suo tentativo di rientrare viene fermato da un dito della bambina, che gli dice :" Sei libero, adesso, Titti! Capito? Puoi star fuori, puoi volare!!!"
Ma lui non sa che cosa vogliono da lui, non vuole star fuori, e, finalmente, quando la bambina si allontana, rientra nella sua casa,

che, anche se con la porta aperta, è sempre così sicura e familiare.
La bambina è rientrata in casa, e l'uomo e la donna che sono rimasti fuori parlano tra loro: "Vedrai che, dovendosi prendere cura dell'uccellino, Nadia accetterà meglio la nascita di un fratellino... "
"Ma, non so, così tanti cambiamenti tutti insieme: la maestra nuova, e anche il suo corpo che sta cambiando così velocemente... "
"Non ti preoccupare, voi donne siete abituate ai continui cambiamenti... " e l'uomo appoggia sorridendo la sua mano sulla pancia della donna "Sarà certo più dura per questo piccolino che deve nascere... "
Anche a Titti non piacciono i cambiamenti: come capisce quella donna, che dovrà far uscire un uovo così grande!! E si rincantuccia nell'angolo della gabbia più lontano dalla porta, aspettando che si faccia buio.

Titti apre gli occhi, ancora una volta, sul sole appena spuntato. Come è contento, stanotte, di essersi riparato in casa, con tutta l'acqua che è piovuta giù dal cielo! Non capisce perché quella bambina, i giorni scorsi, ha continuato a stuzzicarlo con un legnetto per farlo uscire fuori. Certo che, quelle poche volte che è zampettato fuori, sul piano del tavolo su cui è appoggiata la sua casa, ha visto un mondo così grande, aperto, e si è spaventato, certo, ha sentito il cuore che quasi gli usciva dagli occhi, ma, anche, ne era un po' attratto. Piano, piano, Tutti zampetta fino alla porta di casa, e poi, con un saltello, atterra fuori, vicino ad una piccola pozzanghera d'acqua, formatasi su un' irregolarità del tavolo da giardino, dove nuotano dei fiori del noce che lo sovrasta.
Cautamente, timidamente, beve un po' di quell'acqua scaldata dal sole, che ha un sapore tutto diverso, scopre, dall'acqua che è nella sua vaschetta: né migliore, né peggiore, solo diverso. Si sta bene, qua fuori. E' tutto più grande, più colorato, più profumato, più vuoto, più misterioso: né meglio né peggio che nella sua casa, solo diverso. E, adesso, ha voglia di provarla, questa diversità. Ha voglia di cambiare le sue solite abitudini di saltelli su e giù, beccatine all'osso di seppia, bocconcini di miglio, sorsetti alla vaschetta d'acqua; ha voglia di cambiare le solite canzoni con cui saluta il mondo: se cambia il mondo, cambieranno anche le canzoni. E, dalla gola, gli esce un trillo mai sentito prima, una serie di note perfettamente intonate, ma con una melodia più libera, più ampia:

non più bella, né più brutta, solo diversa, la sua, la sua nuova melodia in questo nuovo mondo.

Ecco che arriva Nadia e si siede , un po' malinconica, al tavolo da giardino. L'ha notato, certo, e ha urlato, con slancio "Vieni, zia, Titti è uscito dalla gabbia!" Ma la zia si è avvicinata e le ha detto qualcosa che l'ha fatta rabbuiare in volto: " Cosa fai, qui? Vieni dentro, a vedere il tuo nuovo fratellino... le cose cambieranno un po', adesso, sai: la mamma avrà meno tempo per te, e tu non potrai continuare ad essere la solita scalmanata, che si arrampica sugli alberi e la fa preoccupare. Adesso ha bisogno di stare tranquilla, o le andrà via il latte... " Via via che la zia parla, una nuvola grigia e appiccicosa avvolge Nadia, levandole un po' del suo bagliore, e il brillio dei suoi occhi si offusca, mentre lo sguardo scappa di qua e di là, come in cerca di aiuto. La zia si è già allontanata, rientrando in casa, ma Nadia è ancora avvolta di grigio, e Titti si avvicina, per vederla sorridere di nuovo. Zampetta vicino a lei, ormai coraggioso e a suo agio nel nuovo mondo, e, saltando a zampette unite dentro la piccola pozza, comincia a lavarsi tutto e a spruzzare ovunque le gocce dell'acqua del noce .

Nadia resta lì seduta, di cattivo umore. Non vuole che le cose cambino, non vuole nessun fratellino nuovo, per quanto delizioso sia... ma forse la zia ha ragione, lei dovrà smettere di essere così sfrenata. Per terra, sotto i suoi piedi, ci sono ancora le noci marcite dell'albero, quelle che l'autunno scorso non sono state raccolte. Sembra impossibile che sia già primavera. L'albero ha già messo fiori e foglie, ed è appena ieri che lei schiacciava le noci per la mamma ,che, diceva ridendo indicando il suo pancione, piacevano tanto al fratellino. Foglie e fiori, frutti, noci, e di nuovo fiori, il noce è in continuo cambiamento e sembra che le dica che dopo tutto non si può fermare il passare delle stagioni. Mentre Nadia gioca con le vecchie noci dell'albero, e fa una barchetta con un mezzo guscio che ha trovato, guarnendola con uno dei fiori, un grosso schizzo di Titti la colpisce dritta in bocca, facendola sorridere di nuovo.

Che meraviglia, pensa Titti, il suo canto è riuscito a far andar via la nuvola grigia che avvolgeva Nadia! O è stata l'acqua a lavarla?

Comunque sia, ora Nadia ride e dice, ad alta voce: "Ma sì, tutto cambierà, ma io continuerò a salire sugli alberi, per festeggiare il mio fratellino nuovo! Voglio essere una provetta scalatrice per poterglielo insegnare io stessa, quando sarà più grande!" E, con gli occhi che, di nuovo, sprizzano lampi verso il suo obiettivo (il grande ramo del noce) Nadia si sporge e si afferra all'albero, cominciando a lasciarsi penzolare.

"Nadia, stai attenta, per favore!" La mamma è uscita di casa, con un fagottino in braccio, e la guarda preoccupata, così preoccupata che si forma accanto a lei la figura di un mostriciattolo che sembra venir fuori dal nulla e che avanza deciso verso Nadia, per afferrarle un piede, mentre sta ancora dondolandosi dal ramo e cerca di scalare l'albero.

Nadia guarda la mamma e il fratellino, poi guarda lo smorf che sta per afferrarla e gli scoppia a ridere in faccia, dandogli appena un colpetto col piede, per farlo allontanare. "Non mi farò fermare da nessuno!" dice "Stai tranquilla, mamma! Non vedi che sono sempre più grande? Adesso tocco quasi per terra con i piedi... " E i piedi vengono tirati su, ora, mentre Nadia si accomoda a cavalcioni del ramo.

Titti sente un gran prurito dietro la schiena, e gli prende una voglia matta di seguire Nadia nella sua esplorazione: beve un altro po' di quell'acqua stupenda che odora di strano, e poi le sue ali si aprono tutte, le zampette si piegano, e... su, vola su, poi scende un po', rimbalza sul tavolo, e poi vola ancora più in alto, deciso, nel primo volo della sua vita nuova.

## HOLLY
### (Agrifoglio)

Ecco gli effetti di questa stupida primavera: il professore di disegno ha pensato bene di innamorarsi della professoressa di italiano, e adesso si sono messi in testa di fare lavoro interdisciplinare! Chi ci rimette, ovviamente, sono loro, che devono fare, per lunedì, un lavoro "creativo", figurarsi!: un disegno e una poesia ispirati al mese di aprile... E quelle stupide galline spennacchiate di Carolina, Benedetta e Maddalena, che hanno anche detto "Sì, che bello, profe!". Ma se ne stiano un po' zitte, invece di girare intorno a starnazzare! Filippo, poi, siccome c'è di mezzo Carolina, è rimasto lì, senza protestare, con quello stupido sorriso da ebete stampato sulla faccia,lui, che fino a ieri era proprio il suo migliore amico! Un

disegno creativo: Angelo non riesce neanche a immaginare di prendere la matita in mano... Tutte le volte che prova a disegnare le linee vanno tutte in un'altra direzione da quella che lui ha in mente, e il risultato è solo la voglia di distruggere la matita in mille pezzi e di scagliarla fuori dalla finestra... La pancia e lo stomaco di Angelo sono in ebollizione, e si precipita al bagno, solo per trovarlo, ovvio!, chiuso a chiave, sbarrato da Carmela, sua sorella, che è lì dentro da ore. Come in automatico, la sua gamba scatta in un calcio alla porta: "Dai, Mela, esci da lì dentro, guarda che se ti guardi ancora lo specchio si spaventa e si rompe! Non crederai mica di essere diventata bella in una notte? Sei sempre il solito sgorbio, più piatta di una tavola da surf!... " La porta del bagno si apre di scatto e sua sorella esce, con una faccia da temporale imminente, e si precipita in camera della mamma. Subito prima di chiudere la porta del bagno, Angelo sente la voce di sua madre che dice "Come si fa a dire delle cose così cattive?"
"Già, davvero, come si fa?" si chiede Angelo, mortificato, guardandosi lui, stavolta, allo specchio. E sente, dentro di sé, una voce che dice "Sono io che ti faccio dire quelle cose, ma non è nello specchio che puoi vedermi... chiudi gli occhi e guarda dentro di te... " Angelo esegue, e, appena chiude gli occhi, gli compare davanti un esserino vestito di rosso, con la faccia paonazza, dall'aria alquanto arrabbiata e sghignazzante: "Sì, sì, sono io che ti sto parlando... nasco e cresco proprio dalla tua rabbia, e tutte le volte che ti arrabbi divento più forte... chiamami pure Saetta, se vuoi" e dicendo questo accarezza dei fulmini riposti in una cesta che porta, come una faretra, alla vita" Saetta, per il mio grande potere e velocità... non chiedo altro che di usarle, queste saette... e posso usarle coi tuoi pensieri... " E ad Angelo viene in mente di quando stava pensando al gruppo delle sue compagne di scuola e a Filippo, di come si sentiva caldo, come se andasse a fuoco "... posso usarle con le tue parole... " Certo, quando ha urlato a sua sorella, era come se un'energia potente si fosse impossessata di lui e le parole uscivano dalla sua bocca senza volerlo, senza essere pensate prima "... posso usarle con le tue azioni... " Ma sì!, il calcio che ha tirato alla porta avrebbe potuto quasi sfondarla! Angelo apre gli occhi per guardarsi allo specchio: non gli piace quello che ha visto ad occhi chiusi. Meglio non pensarci, decide, ed esce con la sua mountain bike.
Vuole andare in un boschetto vicino a casa, dove si allenano la sera i

ragazzi del motocross... Anche lui sarà uno di loro, quando sarà grande, ma ora, accidenti, questa stupida bici non vuole saperne di muoversi... la sua rabbia cresce... ecco, finalmente l'ultimo pezzo di asfalto prima di arrivare al boschetto, e in discesa, per giunta... ...
... ma chi c'è lì, piantato in mezzo alla strada? NOOO, è Armando!
"Ma che fai incollato all'asfalto? Stupida palla da bowling, levati di mezzo!!!!". Armando viene evitato per un pelo, ma Angelo non riesce ad esserne contento, perché , chiudendo gli occhi un attimo, ha potuto vedere Saetta, ancora più grande di prima, che guarda soddisfatto, dietro di sé, l'ultima saetta lanciata ad Armando, con le parole di Angelo, e accarezza contento la sua faretra.
Una salita impossibile, questa... Angelo si ferma, sudato, posando la bici in terra, e viene sopraffatto da un odore di fiori, che proviene proprio dalla pianta di agrifoglio ai margini del sentiero.
Ad occhi chiusi, vede Saetta, che sembra quasi spaventato, che gli dice: "Stai attento, non ti avvicinare a quella pianta... " . Ma non c'è niente di peggio che dire a qualcuno di non fare una cosa: gli verrà subito voglia di farla... E infatti Angelo chiede, incuriosito: " E perché non dovrei avvicinarmi?"
" Perché è pericolosa... " Risponde Saetta un po' in imbarazzo " Vedi, le sue foglie bucano... è una pianta cattiva... i fiori , poi, sono ancora più pericolosi... "
"Ah si? Allora dovrebbe piacerti... visto che vi assomigliate un po'... A parte la dolcezza del profumo... in quello, certo, sarete diversi, immagino... ... " Mentre parla con Saetta, Angelo si è avvicinato proprio ai fiori della pianta, e sente che Saetta si sta divincolando, come se avesse un gran mal di pancia, e sta cominciando a balbettare "No, no,... io non sono come lei... io puzzo... io sono cattivissimo... " Ma Angelo è arrivato a toccare un fiore, che trova bagnato di rugiada, si riempie il naso del suo profumo, e non contento, come per fare un dispetto a Saetta, si lecca anche il dito bagnato di rugiada. "... io non sono così... io... io... "
E il bianco del fiore dell'agrifoglio avvolge Saetta e lo fa diventare tutto rosa, il vestito, la faccia... Qualche lacrima gli bagna gli occhi, mentre, asciugandosi il naso col dorso della mano, piagnucola "Io... io... voglio solo essere abbracciato, ogni tanto... voglio solo poter usare le mie saette... "e si volta a vedere la sua cesta, che trova piena di globi di luce bianca." Voglio solo poter usare il potere della mia luce... "

Non c'è che dire, Saetta ha fatto presto ad abituarsi alla sua trasformazione, a giudicare dalla soddisfazione con cui accarezza i globi di luce bianca che sporgono dalla faretra... " Fammene usare uno, dai, ti prego... su di te... " Angelo fa cenno di sì e inforca di nuovo la bici, mentre una palla di energia nuova gli esplode dentro e lo pervade tutto. Le sue gambe riprendono forza, il fiato non finisce più, e la salita sembra, improvvisamente, facile come una discesa... "Però, niente male!" pensa. " Con questo fiato e l'aiuto di Saetta potrei tranquillamente iscrivermi alla gara di corsa campestre... il successo è assicurato... "
Sulla strada del ritorno, Angelo incontra di nuovo Armando: stavolta si ferma vicino a lui e gli chiede (mentre Saetta si scalda il braccio pronto a lanciare una palla di luce):"Che ne dici se stasera ci facciamo due tiri a palla? Una palla vero, intendo, visto che tu stai dimagrendo a vista d'occhio ... " Armando salta soddisfatto, dimostrando la sua nuova leggerezza, reso ancora più agile dalla palla di luce appena ricevuta...
Angelo è' ancora fresco come un fiore quando torna a casa, dove Carmela sta giocando in giardino. Saetta prende in mano una palla di luce e la lancia: "Sai che stai proprio bene con le code? Sei quasi carina... " Angelo non crede alle sue orecchie: è così facile, e si sente così bene!!!!La palla di luce rimbalza sul sorriso di sua sorella, e lo accompagna in camera sua, dove, di slancio , prende i colori (ah, no, niente matita, per favore, l'arte richiede improvvisazione... ). Saetta gli invia palle di luce negli occhi e nella mano destra e , in poco tempo, un quadro colorato e astratto, da far invidia al museo d'arte moderna, viene steso ad asciugare sulla scrivania.
Angelo è proprio contento: tutto sommato il gruppo delle galline... pardon, degli usignoli, non aveva tutti i torti... (e Saetta manda, coi suoi pensieri, palle di luce a Caro, Bene e Madda)... e anche Filippo e i professori, nonostante i loro innamoramenti primaverili, si meritano un grazie... (palle di luce che volano nella loro direzione...)
"Angelo, al telefono, c'è Filippo!" ... neanche a farlo apposta, pensa Angelo, mentre si avvia al telefono. E, poco dopo, tornando in camera sua, non può far altro che ammirare il potere di Saetta: Filippo l'ha invitato al cinema, nel pomeriggio, insieme a Carolina e alle sue amiche: ben due ragazze a sua disposizione, e in piena primavera, per giunta! Grazie, luce!

Appena entrato in camera chiude gli occhi e vede Saetta che ha ancora una palla di luce nella sua cesta e gli chiede, supplicante "Dai, l'ultima! Fammi tirare l'ultima, poi me ne ritorno a dormire per un po'… "
Ma certo, pensa Angelo, la poesia! Prende la penna in mano e aspetta che la palla di luce arrivi nel suo polso. E poi scrive, di getto:

Che profumo hai oggi, agrifoglio,
il più dolce che aprile abbia,
ringrazio i tuoi fiori, perché voglio
abbracciare la mia rabbia.

# FIORI PER LO SCORAGGIAMENTO E LA DISPERAZIONE

## LARCH
### (Larice)

Alessandro, suo fratello, il papà e la mamma sono andati a fare un picnic in montagna. Per tutta la durata del viaggio il papà ha continuato a progettare le attività sportive del giorno: di come lui, oggi, allenerà Ale e suo fratello per le prossime gare di calcio e di ciclismo campestre. Hanno mangiato (poco, se no si appesantiscono, ha detto il papà), e dopo è cominciato l'allenamento. Ma lui, Ale, se l'è svignata, per risparmiarsi le solite figuracce. Troppo bravi, suo padre e suo fratello. E troppo insistente, sua madre, che gli dice sempre " almeno prova". Adesso se ne sta qui, sotto quest'albero, a sentire le chiacchiere sommesse degli animali. Sì, perché Ale, fin da quando è piccolo, riesce a sentir parlare gli animali. Adesso, per esempio, sente un colloquio tra un giovane picchio e sua madre, che gli dice: " Prova, almeno, a puntare il becco qui, poi dai un colpo di collo, e, TOC, un colpetto, TOC, un altro... E' importante che tu impari: è l'unico modo che i picchi hanno per far sapere che ci sono, per conoscere e attirare le picchie e metter su famiglia... " "Ma non mi riesce... "sente parlare il picchio con voce scoraggiata "la corteccia è troppo dura... mi verrà il mal di testa... "
Be', alla fin fine Ale non è l'unico a non saper fare le cose, pensa. Che c'è di male se lui se ne sta in disparte e non va a fare le gare? Tanto sa già che perderà , e, come dice sempre suo padre, "Arrivare ultimi? Tanto vale smettere... meglio ritirarsi che arrivare ultimi... ". Anche la sua mamma fa con lui come mamma picchio: insiste e insiste e gli dice sempre che può farcela. Ma sono sempre cose troppo difficili, che lei gli propone: giocare a calcio con gli altri, provare una bici col cambio così può fare le salite, prendere l'autobus da solo per andare a scuola... E' ancora immerso nei suoi pensieri quando gli arriva una voce piccola, piccola, che viene dalla base di quest'albero... Si avvicina per guardare e vede un piccolo millepiedi che gli chiede:" Mi daresti una spintarella, per favore?" e

subito si appallottola a formare una pallina. Ale lo spinge appena col dito, e poi il millepiedi si riapre e gli dice:" Grazie, ancora un'altra, per favore, vorrei arrivare laggiù, dove sono gli altri… ". "Ma, scusa" gli chiede Ale "perché non ci vai camminando? In fin dei conti, con tutte le zampe che hai, camminare è il tuo mestiere… "
"Ma no… " risponde Millepiedi " è proprio per quello che non mi riesce… Non ho la minima idea di quale piede appoggiare per primo, e quale deve seguire… so già che se ci provo farò una gran confusione e mi farò sgambetto da solo… Preferisco stare qui e aspettare che qualcuno mi aiuti con qualche spinta… "
"Ma la tua mamma non ti ha insegnato a camminare?" " Ci ha provato, ma io non credo di farcela… i miei fratelli sono tanto più bravi di me… io invece sono così sciocco, e perdo solo tempo… "
Alessandro viene distratto dalla sua conversazione con Millepiedi dal rumore di qualcuno che fruga fra i pezzi di corteccia del larice, e che prende piccole cose, ne porta via alcune, altre ne mangia, veloce e sicuro… è uno scoiattolo, che va e viene continuamente, senza fermarsi, e che lo guarda, incuriosito, continuando nella sua attività. Ora, con un sospiro di soddisfazione, sta raccogliendo da una piccola pozzanghera un po' di fiori, caduti dall'albero, e se ne mangia uno. "Sono buoni?" chiede Alessandro.
"Squisiti!" risponde Scoiattolo " Tutti gli anni non vedo l'ora che arrivi questa stagione, perché i fiori del larice non solo hanno un sapore veramente delizioso, ma, anche, mi danno una carica… una voglia di fare, una sensazione di poter fare tutto… e, sai, ne ho proprio bisogno, perché l'inverno per noi scoiattoli è duro:non andiamo in letargo, e dopo tante fughe dai gufi e difficoltà a trovare cibo arriviamo a primavera un po' insicuri… Il larice, anche se non si direbbe a vederlo, ci trasmette un po' delle capacità di cui è ricco… " "Il larice? Quest'albero? Raccontami… "
"Lo vedi come è delicato, dai contorni indecisi, la punta un po' sghemba, le foglie che non stanno neanche dritte, e che cadono tutti gli inverni: sembra davvero un po' fiacco… eppure riesce a crescere dove altri rinunciano, e i suoi fiori sono così succosi e saporiti… Provane uno anche tu, ti renderai subito conto della sensazione inebriante di sicurezza che ti danno… " Alessandro ci pensa un po' su: non è che l'idea di mangiare quei fiori gli piaccia, ma… "Io non lo mangio" dice " ma conosco qualcuno che ne avrebbe bisogno… "
E prende sul dito Millepiedi, spostandolo nella pozza coi fiori di

larice. Millepiedi esce dal suo bagno di fiori lavato, profumato, e... trasformato! "Wow!" dice Millepiedi" Guarda: so nuotare!" e comincia a nuotare nella pozzanghera a rana, coordinando perfettamente ogni coppia di zampe. Straordinario, pensa Alessandro; poi gli dice: "Se sai nuotare, sarà ancora più facile correre o camminare... Prova un po'... "
"Be'... " dice Millepiedi "posso provarci... anzi, ci provo... " E si mette a camminare sul terreno "anzi, lo faccio... " E . adesso, cammina veloce, poi saltella su una sola fila di zampe alla volta, poi fa zighì-zigò fischiettando e avviandosi verso la sua famiglia...
"Picchio! Giovane Picchio! Vieni giù di lì! "chiama Alessandro " Vieni a sorseggiare un po' di quest'acqua fiorita... " Se funziona anche con lui, pensa, Scoiattolo ha davvero ragione. Picchio scende giù dall'albero e beve a piccoli sorsi... Poi, dopo poco, comincia ad esercitare il suo becco su alcuni pezzi di corteccia. Ne viene fuori un bel rumore ritmico. "Mica male! " gli dice Ale "Se continui così richiamerai vicino a te tutte le picchie della zona... "
"Ma io non voglio una picchia qualunque " dice Giovane Picchio " vorrei una picchia moderna, un po' trasgressiva... "
"Allora "gli suggerisce Ale " puoi provare a picchiare un ritmo speciale, uno che attiri solo quel genere di picchie... "
"Posso provarci... " dice Giovane Picchio volando sul tronco"anzi, ci provo... " E comincia a scaldarsi il becco picchiando a ritmo,"anzi, lo faccio... " E il ritmo aumenta di velocità e diventa un rock travolgente, che fa ballare Ale, Scoiattolo, Millepiedi (che è già arrivato a metà strada) e... Rosanna, la mamma di Ale, che sta venendo a controllare cosa fa Alessandro, tutto in disparte.
"Mamma, ho fatto una scoperta sorprendente! Quest'acqua di fiori di larice fa diventare bravi, fa riuscire a fare le cose... " "E a te chi te l'ha detto?" chiede Rosanna, contenta della luce che vede, finalmente, negli occhi di Ale.
"Me l'ha detto... "dice Ale, mentre, intinto un dito nella pozza, lo sta succhiando per completare l'esperimento su di sé "uno scoiattolo, e me lo hanno confermato un millepiedi e un picchio... "
"Ma... Ale! E' meraviglioso che tu sia capace di parlare con gli animali! E' un gran talento, sai... "
"Sì, è vero" dice Ale " Non ci avevo mai pensato... è proprio una cosa che sono capace di fare, e sai che cosa? Non mi devo sforzare di farla, mi viene così, come andare in discesa in bici, senza

pensarci... "
"Sai, è proprio così che si fanno le cose, senza controllare se le fai bene, mentre le fai: è il tuo corpo che sa come farle... Ed per questo che vorrei che provassi a fare qualcosa, invece che startene a braccia incrociate a dire non ce la faccio senza neanche provare... "
"Be'... " dice Ale "posso provarci... " e. alzatosi e saltellando al ritmo di Picchio, si avvia verso il papà e il fratello che si stanno battendo dei rigori "anzi, ci provo... "e comincia a dribblare con la palla, "anzi lo faccio... " E, su queste parole, tira una potente cannonata che sorprende suo padre nell'angolo e fa goal...
"Su, papà, non ti abbattere... L'importante è partecipare, non vincere!... "

## PINE
### (Pino)

La Zia ha regalato a Paolina un bel tamburo. E Paolina, oggi, ha proprio deciso di esercitarsi. E l'ha fatto con un tale impegno che la mamma, adesso, si sta lamentando di "un mal di testa feroce, basta, basta, per carità... " La Signora Giudici riordina frettolosamente la cucina, e il coperchio del barattolo dello zucchero finisce sul barattolo del sale (del resto, i due barattoli sono proprio uguali: ci hanno scritto sopra col pennarello indelebile, proprio per non fare confusione... ).Il Signor Giudici, finito di pranzare, vuole godersi il suo caffè, e si versa un bel cucchiaino di zucchero nella tazzina,ma... Paolina sente un urlo soffocato, come un conato di vomito, una corsa in bagno, poi una finestra che si apre, e un urlo più forte " Fuori dalla finestra te lo butto, il tuo caffè!!!! Mi vuoi ammazzare?" ... e poi una risposta della mamma con voce isterica "è perché qui devo fare tutto io, anche quando ho il mal di testa!... "
E la porta del bagno si chiude a chiave, dietro la mamma, che, quando è in crisi, decide di truccarsi o di farsi bella. Dal piano terra, si sente la voce irata del signor Perfetti, che si rivolge alla loro vicina di casa "Signora Miscusi!!!! Quello che è troppo è troppo! Non solo mi versa continuamente addosso l'acqua delle sue piante, ma adesso anche questi fertilizzanti! Colorati, per giunta! Proprio sulla mia camicia pulita!!!!" La Signora Giudici, in bagno, si è depilata le gambe, e ha riposto la schiuma depilatoria nello scaffale

dei maschi , accanto ai rasoi (in fin dei conti, di peli si tratta... ) . Dopo pochi minuti esce sbattendo la porta. Paolina, in camera sua, sta enumerando le sue colpe, sentendosi sempre più un verme:il suo tamburo ha fatto venire il mal di testa alla mamma, che ha sbagliato a riporre i barattoli, il papà ha quasi vomitato,ha buttato il caffè dalla finestra, e il signor Perfetti si è arrabbiato con la vicina,poi il papà si è arrabbiato con la mamma, che ha sbattuto la porta... "NOOOO!"Un urlo di Piero, suo fratello, dal bagno. Si era appena spalmato sui capelli, tutto contento, la nuova spuma che aveva trovato sullo scaffale, quando ha scoperto, girando il flacone, la parola DEPILATORIA scritta accanto a SPUMA. Paolina corre in bagno, giusto in tempo per vederlo col suo nuovo look, con chiazze di capelli lunghi alternate a chiazze di testa rasata... e così un'altra colpa si aggiunge alla serie, e le lacrime la travolgono... corre al telefono, per raccontare tutto alla zia, e trovare un po' di conforto.

Fata Pinuccia, la fata del grande pino del parco, ha finito proprio stanotte di preparare l'essenza dei fiori del suo albero. E' un momento molto delicato e importante, questo, come le hanno insegnato alla scuola della Quercia, e bisogna scegliere i fiori più belli, perché poi le essenze le dovranno durare tutto l'anno, per aiutarla nel suo servizio. Proprio poco fa, guarda caso, è passato Corvo, che le ha detto di andare a casa Giudici: ha notato , passando al volo davanti alle finestre, una bambina in lacrime, una madre in crisi di nervi, un ragazzo furibondo, urla fra vicini... Occorre che lei entri in azione. E, dunque, Fata Pinuccia lascia il suo aspetto di creatura alata, e assume il suo travestimento da giorno: quello di una signora distinta, con abbigliamento sportivo, un paio di scarpe comode (è la cosa più importante: i piedi delle fate, quando c'è da camminare anziché volare, si stancano molto facilmente), e, in mano, la sua borsa "da lavoro" , piena delle sue boccette.

Il Signor Giudici va ad aprire la porta, lamentandosi che come al solito tocca a lui, e: "Buongiorno! La Oak School le offre una lezione di prova a domicilio del corso Inglese per uomini d'affari!" E una signora distinta, entra in casa, senza quasi aspettare il suo permesso.

"La lezione è gratuita, e quindi possiamo cominciare, visto che lei è sicuramente un uomo d'affari che vuole rinfrescare il suo inglese" Ma lei come fa a saperlo?", pensa il signor Giudici che però, la segue al tavolo, obbediente. "Bene, cominciamo dai verbi. Si ricorda come si dice urlare?" "To cry" risponde il signor Giudici. "Bravissimo! E come si dice vendicarsi?" "To revenge" "Ma bravo!!!!vedo che su questo argomento è preparatissimo!!" … "Allora, saprà anche come si dice perdonare?" Il signor Giudici è un po' in difficoltà. "Via, su… pensi alla parola: per… donare… " Niente da fare. "Come si dice per? "e il signor Giudici "For!" E donare?" "To give!" Quindi per… donare si dirà… "For… give.?" "Bravo!!!vede come è facile? E, del resto, cosa è il perdono se non un bellissimo regalo per se stessi e per gli altri?ma, signor Giudici, la vedo un po' nervoso… sa cosa facciamo? Adesso vado in cucina a preparare una bella tazza di tè… a nice cup of tea… ". Fata Pinuccia va in cucina e prepara una enorme caraffa di tè, dove, ovviamente, versa tutta una boccetta della sua essenza di fiori di pino. E' chiaro che chiunque berrà quel tè sentirà qualcosa di strano, un odore molto aromatico,come di resina, un odore così penetrante che è un po' strano in un tè, ma che sicuramente fa schiarire le idee, fa capire con lucidità di chi è la responsabilità di una data azione; e, dopo averlo capito, fa decidere che è meglio imparare dagli errori invece che continuare a rimproverarsi, perché, per imparare a camminare, tutti siamo caduti, qualche volta,ed è grazie a quei capitomboli che abbiamo imparato come appoggiare i piedi.

E, così, il tè viene bevuto.Viene bevuto dal Signor Giudici, che subito si affretta verso il barattolo dello zucchero, per versarcene un altro cucchiaino, in quanto il sapore gli sembra un po' particolare; e mentre svita il tappo , si accorge che non c'è molta differenza fra il barattolo dello zucchero e quello del sale, e che, effettivamente, è stato facile sbagliare, per sua moglie. A lui, sarebbe bastato fare un po' d'attenzione a ciò che c'era nel cucchiaino, per riconoscere la consistenza diversa dei granelli di sale rispetto allo zucchero. E, così, il signor Giudici perdona se stesso per non aver fatto abbastanza attenzione, e perdona sua moglie,poi perdona se stesso per aver rovesciato il caffè fuori dalla finestra: non è stata una gran bell'azione, ma in quel momento era davvero fuori di sé. Più tardi andrà dal signor Perfetti a chiedere scusa. E così, finalmente, il Signor Giudici si gode la sua tazza di tè.

E il tè viene bevuto dalla Signora Giudici, e dalla Signora Miscusi, da lei incontrata lungo le scale mentre, in preda all'agitazione, stava correndo giù dal signor Perfetti per chiedere scusa. Anche se stavolta non ha fatto niente, la signora Miscusi non si dà pace per tutte le annaffiature passate. E mentre la signora Giudici e la signora Miscusi si bevono, ognuna, una bella tazza di un tè speciale, trovato già pronto , entrambe hanno le idee più chiare. La signora Miscusi capisce che sì, è vero che lei ha innaffiato tante volte la testa del signor Perfetti, ma adesso ha imparato ed è da diverso tempo che sta più attenta .La signora Giudici si rende conto che, sì, ha sbagliato nel riavvitare i barattoli, e che domani comprerà un barattolo diverso per lo zucchero; si rende anche conto che è comprensibile che suo marito abbia urlato così tanto: il sapore del sale nel caffè è una delle cose più disgustose al mondo… e la Signora Giudici perdona se stessa per aver scambiato i coperchi, e perdona suo marito perché ha urlato verso di lei.

E il tè viene bevuto da Piero, proprio mentre, preso in mano il rasoio, sta decidendosi a tagliare tutti i capelli. Ma mentre beve dalla tazza, di fronte allo specchio, un'illuminazione: e perché non lasciarli così? I suoi amici lo invidieranno per questo nuovo taglio punk, e faranno a gara per scoprire chi è il barbiere da cui è andato. In fin dei conti, se avesse fatto un po' d'attenzione, avrebbe visto la parola depilatoria… E quindi Piero perdona se stesso per non essere stato abbastanza attento ( la prossima volta leggerà meglio), e perdona sua madre per aver lasciato la spuma nel suo scaffale.

E il tè viene bevuto da Paolina, che si ritrova, come per magia, accanto alla scrivania, una bella tazza fumante.E Paolina si rende conto che sì, lei forse ha esagerato un po' col tamburo, ma tutto quello che è successo dopo, be', quello non è avvenuto certo per colpa sua: ognuno ha le sue responsabilità,e l'unica cosa che può fare è perdonare se stessa per aver suonato un po' troppo a "spaccatimpani". E così va in cucina a dire alla mamma che la prossima volta le sue esercitazioni al tamburo saranno più brevi. Ma la mamma ride, con la signora Miscusi, di chissà cosa, e le dice "ma no, piccola, esercitarti al tamburo fa parte del tuo mestiere di bambina… "

E il tè viene bevuto dalla zia, che arriva in quel momento aspettandosi una tragedia, da quello che le aveva detto Paolina, e trova tutti che bevono il tè, rilassati e felici, e , mentre si scusa per il regalo inopportuno che ha fatto e che ha causato tanti problemi, si trova in mano una tazza di tè, e sua cognata le dice "Ma no, cara, è il tuo mestiere di zia quello di regalare tamburi ai nipoti… "

Il Signor Giudici si guarda intorno, cercando la sua insegnante

d'inglese: curioso, se ne è andata, senza neanche chiudere la porta… forse non era un gran che come insegnante, ma certo, ha fatto un tè spettacolare, come solo gli inglesi dicono di saper fare…
Il Signor Perfetti ha appena finito di mettere i vestiti macchiati in lavatrice che sente suonare il campanello. Va alla porta infilandosi una camicia pulita, e: "Buongiorno! La Oak School le offre una lezione di prova a domicilio del corso Inglese per uomini in pensione!" Una signora distinta ,senza quasi finire di parlare, entra in casa, e si siede in salotto. "Bene,la lezione è gratuita, e, visto che lei è sicuramente un uomo in pensione che vuole rinfrescare il suo inglese, possiamo cominciare dai verbi… "

## ELM
### (Olmo)

Ecco qui. Adesso non può più tirarsi indietro, pensa Emilio, Emanuele, il capo animatore, dividendoli in gruppi per la prova di orientamento, l'ha guardato dritto negli occhi e, assegnandogli il gruppo più incasinato e raffazzonato, gli ha detto: "So che ce la puoi fare". Gli ha messo in mano bussola, mappa, il kit di sopravvivenza, e gli ha detto "Ci vediamo stasera, per una ricca cena attorno al fuoco". Emilio si guarda dietro di sé, sconsolato. Sì, certo, ha portato a termine incarichi più difficili (chissà perché, poi,li affidano sempre a lui), ma questo è davvero un gruppo molto particolare: prima di tutto, troppe femmine. Gli unici due ragazzi validi sono già persi a guardare le ragazze e a far finta di aiutarle a sistemarsi gli spallacci degli zaini. Poi, Claudio, col suo handicap, che gli è stato affidato perché lui è uno dei pochi che non lo prende in giro quando dice i suoi strafalcioni e che ha la pazienza di abbracciarlo se si spaventa. E, come se non bastasse, gli è toccata Rosa, la sorellina piccola di Rocco, che è venuta a trovarlo per un paio di giorni e che, per ovvi motivi (ha detto Emanuele, e così non li ha spiegati) non può stare in gruppo con Rocco. E così, lui si è giocato anche Rocco, un possibile aiuto valido. Ma, infine, passerà anche questa prova, come le altre prima di questa… … ed Emilio si stringe nella giacca a vento, nella mattina ancora fredda di fine marzo, guardando il cielo in cerca di possibili nuvole, e controllando, ogni tanto, la mappa che gli indica il percorso.

Qualche ora dopo, col sole che già si sta avviando verso occidente, Emilio si toglie lo zaino dalle spalle e si siede su un masso, scoraggiato. Come è possibile, si chiede, che si sia lasciato trascinare in quest'avventura? Guarda i ragazzi del gruppo che, incomprensibilmente, sembra non si rendano conto della gravità della situazione. Le ragazze sono scomparse, forse andate, per l'ennesima volta, a fare pipì. E Marco e Carlo stanno giocando a palla a volo con una cartaccia appallottolata. Claudio strepita perché vuole giocare anche lui e non riesce ad acchiappare la palla. Rosa è in un angolo, a giocare con dei sassetti, costruendo quello che potrebbe sembrare un segnale indiano, accanto a un bivio, e tutto questo sempre tenendo per mano il suo coniglietto di pelouche. Che squadra! E lui, certo, non è da meno! E' riuscito a perdere la mappa! Non si capacita ancora di come sia potuto accadere: Stava aiutando Claudio a tirarsi su i pantaloni e Rosa gli ha detto "Se vuoi, te la tengo io… ". Dopo di che… mistero! Lei sostiene di avergliela poi posata sullo zaino, ma non c'è da fidarsi, è così piccola! Comunque, di fatto, sono senza mappa, senza più panini, e senza nessuna idea della strada da fare… Certo, non piove, ancora… ma fra un po' il sole tramonterà, e sarà troppo freddo per passare fuori la notte…
- Forza, avanti! Basta pause! – Urla Emilio agli altri, che, mugugnando ma obbedienti, riprendono gli zaini e ricominciano a seguirlo, come un gregge che si affida incosciente al cane pastore, senza sapere né domandarsi dove li stia portando. E lui, Emilio, che è l'unico che si rende conto dei pericoli, dei rischi, sente la responsabilità della salute di ognuno dei suoi compagni pesare sullo zaino ancora di più dell'acqua di Rosa e di Claudio, che non ce la facevano più a portarla, e della frutta avanzata, che non ha voluto buttare, nonostante gli altri l'avessero proposto.
Meglio essere prudenti, e farsi coraggio. Il ritmo dei passi lo spinge avanti. Sopra la sua testa, i rami sottili degli olmi si stagliano contro il cielo. Che strani alberi, gli olmi… Un tronco così robusto, così forte e sicuro da resistere alle intemperie, e dei rami, in contrasto, così sottili, così sensibili! Ora poi, che sono fioriti, il rosa che appare sui rami ancora privi di foglie li fa sembrare ancora più delicati, quasi femminili, nonostante la decisione con cui il tronco si alza verso il cielo e i rami si allungano verso l'alto.
Eccoci qua, fermi un'altra volta per l'ennesima pausa. Il sole è al

tramonto, adesso, i ragazzi è un po' che si lamentano di essere stanchi e lui, come se non bastasse, ha beccato un'ortica. Il ginocchio gli brucia, gli brucia così tanto che gli lacrimano gli occhi , e si deve sedere, solo un attimo (perché in fin dei conti è solo un'ortica) appoggiandosi all'olmo. Ma queste lacrime che escono dagli occhi per il bruciore dell'ortica è come se avessero aperto una diga, ed eco che ne escono altre, e singhiozzi... "Non ce la farò mai, mai... " singhiozza Emilio, e si abbandona giù, disteso sotto l'albero, con il viso bagnato di lacrime appoggiato sulle braccia piegate...
Non sa quanto è rimasto così: forse qualche istante, forse solo pochi minuti, a giudicare dalla luce. Ma la sensazione di sconforto non l'ha abbandonato. – Non ce la posso fare... - mormora – e non c'è nessuno che possa aiutarmi... -
Ma ecco che sente una piccola mano che gli si posa fra i capelli, e - Io posso aiutarti, basta chiedere... - Rosa gli parla nell'orecchio. Emilio si tira su a sedere, col ginocchio che ancora gli pulsa e gli brucia.
- Ecco qui – dice Rosa, e da una pentola giocattolo prende una pappa rosa che è... ma sì, certo, è fatta di fiori di olmo pestati e tritati. Con le manine un po' sporche e appiccicose ne spalma un po' sul ginocchio dolorante, convinta di essere la sua infermiera. Emilio stira la bocca in quello che cerca di essere un sorriso compiacente: - Ma grazie, ora sì che... - e quello che era un tono accondiscendente diventa, improvvisamente, incredulo – ... sto davvero meglio! Il ginocchio non brucia più...
- Certo. – Rosa non si scompone minimamente – E adesso, fai il bravo, e prendi la tua medicina... - e gli ficca in bocca un gruppo di petali umidi. Emilio non osa protestare e succhia i petali, guardando Rosa con altri occhi. Si sente davvero meglio! E, soprattutto, sente che le cose non sono poi così drammatiche. In fin dei conti, tutti insieme possono cercare di capire dove sono...
- Vorrei proprio sapere che strada dobbiamo prendere! – dice Emilio ad alta voce.
E Rosa, prontamente – Quella lì! – indica un pila di sassi, la sua pila di sassi, che segna la strada che, prima, non hanno preso. Evidentemente hanno camminato in tondo, ma ora, grazie al segnale, possono imboccare il sentiero giusto del bivio...

Dopo cena, accanto al fuoco, Emilio si accarezza il ginocchio, che ormai non fa più male, e che è ancora sporco di petali rosa. Emanuele si siede accanto a lui e gli dice. – Sai, Emilio, penso proprio che tu abbia il talento di aiutare le persone ... Adesso, però, fatti aiutare un po' tu: un bel massaggio a queste spalle stanche te lo meriti proprio... -
E mentre un paio di mani forti e capaci gli sciolgono i muscoli dolenti, la piccola Rosa gli si accoccola fra le gambe, col suo coniglietto, e gli dice – Grazie... -
- Grazie a te, Rosa... E' proprio bello sapere che si può contare sull'aiuto di qualcuno... - Le parole di Emilio si perdono fra le fiamme e gli sbadigli di Rosa, che si è già addormentata.

## SWEET CHESTNUT
### (Castagno)

"Stiamo via poco, però, che fra poco fa buio". Silvia si è fatta convincere da Giacomo, suo figlio, a fare una passeggiata nel bosco. Certo, dopo una giornata di pioggia, non si può non approfittare del fatto che sia smesso di piovere e che ancora non sia andata via la luce. Si sono fermati in una radura, e mentre lei si riposa un po', ai piedi di un castagno, Giacomo, che sta giocando poco lontano, vede un cervo, e, rincorrendolo, si perde. Sono bastati pochi minuti, e con la nebbia che si è alzata e che assorbe la sua voce che chiama la mamma, Giacomo non sa più che strada fare per tornare alla radura.
Silvia non si è subito resa conto di cosa è successo, ma, presto, l'inevitabile scoperta le stringe il cuore con una morsa d'angoscia. Cosa può fare, adesso? Se prova a cercare Giacomo, lui potrebbe ritrovare la strada per tornare alla radura, e non trovarla più... e, d'altra parte, sono venuti via così, senza telefono, né cibo, solo una giacca per la pioggia... e fra poco sarà notte. Il suo accendino non servirà a granchè, con questa legna bagnata...
Giacomo, dopo aver camminato tanto, si è arreso. Ai piedi di un castagno ha sentito pigolare e ha trovato un piccolo merlo! E' un uccellino con piume morbide e un becchino giallo, che non sa ancora volare, e che è caduto dal nido. Lo tiene in mano, e non si sa chi dei due protegge l'altro, mentre Giacomo si appoggia all'albero, cercando di ripararsi dall'umidità con la sua giacca a vento.

La nebbia nasconde gli smorf, pensa... e ora che sarà buio verranno ad afferrargli i piedi... sempre che non passi qualche lupo di qui, che ha fame. E' quasi buio, adesso, l'ora preferita dagli orchi per procurarsi il cibo... Giacomo chiude gli occhi, ma è forse peggio, perché i rumori si ingigantiscono, e sente strani fruscii che non aveva notato prima: forse alieni, chissà, sbarcati da poco dalla loro astronave in cerca di esseri per esperimenti...
E l'onda della notte arriva, come una coperta, e avvolge Silvia, prendendola e portandola con sé, in sogno, mentre il suo corpo resta abbandonato ai piedi del castagno, e rabbrividisce un po'. L'albero rabbrividisce anche lui, e, scuotendosi, fa cadere i suoi fiori, a coprirla, come fosse neve. Silvia vola, vola fra le cime degli alberi, sopra le montagne, e cerca il suo bambino, sotto ogni stella, sopra ogni nuvola, frugando nei cumuli di nebbia e chiedendo aiuto alla luna perché la aiuti, con la sua luce.
Un po' più in là, nel fitto del bosco, anche Giacomo si è addormentato, piangendo: le lacrime ormai seccate hanno lasciato due strisce bianche sul viso sporco di terra, ma le mani non hanno allentato la forza dolce con cui abbracciano il piccolo merlo. Il castagno, che li veglia, agita i suoi rami, e lascia cadere i fiori, che li coprono, tutti e due, di una soffice trina color panna. Non sono smorf quelli che arrivano col buio, a prendersi Giacomo, non sono lupi feroci, né orchi affamati, né mostri venuti dallo spazio, ma è la notte, come una risacca, che se lo porta via con sé, lasciando il suo corpo addormentato, protetto dal castagno. E Giacomo vola, anche lui, sopra le cime degli alberi, sopra le montagne, a cercare la sua mamma, sotto ogni stella, sopra ogni nuvola, chiedendo agli uccelli e alle fate, usando la coda delle stelle cadenti per scrivere mamma nel cielo notturno.
E Silvia e Giacomo si trovano: non riescono a vedersi, ma si toccano, come per sbaglio, volando intorno alla luna: e si abbracciano, felici, raccontandosi cose che le parole non sanno dire. Intorno a loro, il buio. Un buio così fondo che insinua, in ognuno di loro, prima il dubbio, poi la certezza, che quello è solo un sogno, che è tutto finto, e che l'unica cosa vera è il buio, l'angoscia. Che li sommerge come un mare, in cui naufragano. Buio, nel bosco, buio il cielo: ancora la nebbia non si è alzata. Non un filo di vento.
Silvia accarezza con le mani i fiori che la ricoprono: ognuno di loro è un piccolo miracolo, e lei ne ha tanti, sopra di sé. E così, prega: "

Chiunque tu sia, comunque io ti possa chiamare, Dio, o Universo, o Colui che fa i miracoli, allora io ti chiedo: se davvero è destino che io e il mio piccolo ci perdiamo in questo grande buio, allora che sia fatta la tua volontà, e abbracciaci con le tue grandi ali di luce, così che il naufragar sia dolce in questo mare". E il suono delle parole della sua poesia preferita culla Silvia, che si addormenta di nuovo.
Giacomo tocca i fiori, alza gli occhi e vede l'albero, nero contro il blu della notte, e lo sente parlare, tanto che non sa se sta ancora sognando: " Solo chi conosce il buio può vedere veramente la luce: quando credi che il buio non possa più aumentare e che solo il vuoto possa seguire, e fai quell'ultimo passo che ti porta a saltare nel vuoto, ecco che la luce arriva, e che luce! Un trionfo di bianco e oro, proprio come i fiori che ora non vedi ma che domani rifletteranno nei tuoi occhi i primi raggi di sole... " Giacomo fa un mucchietto di fiori fra sé e il merlo, e con un gran sospiro si riaddormenta, disposto a fare quell'ultimo passo verso il vuoto.
Ed accade proprio quanto ha detto l'albero: i primi raggi di sole portano agli occhi di Giacomo l'immagine di fiori bianchi ovunque, intorno a lui. Non fa troppo freddo, e il cuore del merlo batte ancora tra le sue mani. Giacomo ha sete, e usa l'acqua che si è raccolta sulle foglie e fiori del castagno, per berne qualche goccia. Poi si bagna il dito e lo fa beccare al piccolo merlo. Che buone, queste poche gocce! Dissetano più di qualsiasi bevanda possa immaginare. La nebbia si è alzata, lasciando vedere il cielo, tra i rami del castagno: ma si vede benissimo anche un'ombra più scura, alla biforcazione di due rami, e si sente un pigolio che viene da quella parte. Ma certo: è il nido del merlo! E quelli sono i suoi fratelli. Anche il piccolo l'ha capito e si è subito messo a pigolare, chiamando la mamma.
Silvia è già sveglia da un po'.Ha ringraziato i fiori che le hanno fatto ritrovare il sonno, stanotte. Ne ha portato uno alla bocca, baciandolo e bagnandosi le labbra con la rugiada, e si è come illuminata: i miracoli avvengono, tutti i giorni... Ha visto che la nebbia si è alzata e ha deciso di andare a chiamare aiuto, ma non prima di aver lasciato, in questa radura, un avviso a Giacomo. Ha trovato una cartaccia, ha acceso un piccolo fuoco, e con un pezzettino di legno bruciato ha deciso di scrivere "Vado a cercare aiuto e torno: aspettami qui". Non è una cosa facile o veloce, ma è una possibilità.
Giacomo si infila il merlo nella maglietta, proprio sul petto, e comincia a scalare il castagno. E, presto, il piccolo viene deposto

nuovamente nel nido. Da lassù, lo sguardo di Giacomo che guarda l'orizzonte cade su un filo di fumo, non troppo lontano da lui." Ecco una via d'uscita!" pensa, controllando bene la posizione del fumo rispetto al sole (ma che sole che c'è, oggi! Davvero la luce è diversa, dopo tutto il buio di stanotte, l'albero aveva ragione… ) Poi scende dall'albero e si incammina, spedito, in quella direzione.
Silvia sta ancora tracciando il suo messaggio col legnetto bruciato che si sente chiamare con la parola dal suono più dolce di qualsiasi poesia: e tutte e due, abbracciati, cadono a terra, naufragando dolcemente in un mare di fiori di castagno.

## STAR OF BETHLEHEM
### (Stella di Betlemme)

Che cosa è successo? Non ricorda niente, adesso, se non che stava tranquilla, immersa nei suoi sogni… e poi, sì, ecco… adesso ricorda che ha sentito un rumore fortissimo, un urlo, si è sentita sbattere di qua e di là, e poi ha provato la sensazione di volare e di riatterrare, e poi ha sentito piangere, e ha provato tanta, tanta paura… Poi, sono accadute cose ancora più strane. Qualcuno ha cominciato a stringerla, tutto intorno, e a spingerla avanti, in un cunicolo stretto, stretto, che le circondava tutta la testa, e non aveva la minima idea di cosa ci si aspettasse da lei… forse che passasse attraverso quella strettoia? Sentiva delle voci, voci già note ma che quasi non riconosceva tanto erano piene di paura, che dicevano:
- La macchina è distrutta, ma ringraziamo il cielo che non ci siamo fatti niente… Tu come stai? La bambina sarà a posto?
- No, non è a posto per niente!!!!! Mi si sono rotte le acque, penso che nascerà tra poco…
- Dovremmo andare in ospedale, ma come? Non credo che ci sarà tempo…
- Stai tranquillo, intanto… Per fortuna, per far nascere qualcuno bastano solo due persone, la mamma e il bambino… ma guarda che bella notte stellata!
- Che incosciente che sei… Pensi a guardare il cielo quando qui siamo in emergenza…
- Sai, c'è stata un'altra coppia, un duemila anni fa circa, che si è trovata a far nascere qualcuno in emergenza, e per di più al freddo…

… Noi siamo più fortunati: è una bella notte tiepida di luna piena, anche se non c'è nessuna cometa…
Sentiva ridere, anche, ma lei aveva così tanta paura, e da dietro qualcosa di forte e duro continuava a spingere e a stringerla… Poi ha cominciato a sentire qualche lamento, e respiro affannoso, e anche un urlo, che si trasformava in risata… E, alla fine, la sua testa, santo cielo!, la sua testa fuori dal tunnel, finalmente, ma ancora separata dal corpo… E poi, ancora, si è sentita sollevare, e quasi volare, e questo le ha ricordato l'altro salto, l'altro volo, e un'altra ondata di paura l'ha sommersa…
Poi, le due voci si facevano concitate e parlavano di "tagliare, cordone, forbicine da unghie, filo per i denti" e, a un certo punto, ha sentito un bruciore nella gola, un bruciore che entrava dentro le sue viscere, ad allargare i polmoni, strappandole un suono, anche a lei, che non aveva mai urlato prima… E questo urlo l'ha spaventata ancora di più, se possibile, facendole perdere conoscenza e mandandola per un po' in un luogo tutto suo, al buio, lontano da questo posto ostile, dove non vuole vedere niente, dove non vuole che questa luce così forte le entri negli occhi, dove non vuole sentire questo freddo, questi contatti ruvidi, dove non vuole ascoltare più le voci che le piovono addosso, accompagnate da singhiozzi, e risate:
- Guarda come è bella, alla luce della luna…
- Aspetta, riparale gli occhi, non vedi che per lei è già troppo forte, questa luce?
- Copriamola, avrà freddo…
- Respira? Sei sicura che respira?
- Controlla se ha tutte le dita dei piedi… e delle mani… …
Sente qualcuno piangere, sente qualcuno urlare… molto vicino alle sue orecchie… è lei che piange, è lei che urla la sua paura, la sua voglia di non esserci, di ritornare a prima… nella sua casa liquida, con la sua luce verde, col ritmo regolare dei suoni che conosce così bene…

Ecco una voce, quella che da poco tempo ha imparato a riconoscere, che dice, ridendo:
- Guarda che bel mazzo di fiori ti ho portato… Sai che a tutte le neo-mamme si devono regalare dei fiori, e qui non ci saranno le rose che avrei pensato per te, ma ci sono questi fiori stupendi, bianchi come la vita, bianchi come l'anima di questa piccolina che è venuta giù dal

cielo a farci da maestra... Guardali bene, che armonia che ti porgono, con i loro sei petali che descrivono una figura perfetta... non a caso, sai, si chiamano stelle di Betlemme... Eccone qua uno per te, fra i capelli, che faccia a gara con la tua bellezza, uno per noi, sul tuo cuore, e uno per questo miracolo...

Si sente sfiorare la guancia da qualcosa di fresco, e allo stesso tempo sente che ciò che di morbido e caldo la sta avvolgendo la stringe ancora di più, mentre due, tre sussulti accompagnati da singhiozzi la scuotono, e, allo stesso tempo, sente bagnarsi il viso da gocce. Si volta, a bocca aperta, verso il tocco che avverte sulla guancia, e, in bocca, arriva qualche goccia, dal sapore strano, che porta con sé l'energia di chi la sta abbracciando: gioia, e paura, ancora. Ma ha in sé anche l'energia di un essere diverso, forse il fiore di cui parlava la voce. E un'energia bianca, delicata e forte insieme, ferma, un'energia che porta pace e perfezione, che la riporta immediatamente a... a prima... A prima dell'urlo, del salto, delle spinte, del dolore e dei lamenti, del grande buio e della grande luce, e del bruciore dell'aria nei polmoni...

E, in questa pace, in cui finalmente comprende che tutto è passato, ormai, sente un riso leggero, di un'altra voce... sì, di quella voce che ama già da tanto tempo e che sta dicendo:

- Guarda, cerca di succhiare...

Poi accade di nuovo qualcosa... sente un altro tocco sulla guancia, più caldo di prima, e si gira, più svelta, stavolta, a bocca aperta, per afferrare quello che scopre riempirle tutta la bocca di una sensazione di calore e morbidezza, fino a cederle, mentre lei lo succhia, un liquido delizioso...

E mentre sente la voce che così tanto ama dire "Che dici?... Se la chiamassimo Stella?" pensa : "Questa sì che è vita... ... "


## WILLOW
### (Salice)

Fata Aspirina sta brontolando da un paio d'ore: da quando cioè ha cominciato a preparare l'essenza dei fiori del salice, che, quest'anno, sono così tanti da farle fare un sacco di lavoro extra. Mai riposo, mai! Uffa, capitano tutte a lei! Non sono stati giusti con lei alla scuola della Quercia quando le hanno assegnato questa sede: mai un

attimo di tregua! E poi, un travestimento giusto dovrebbe far passare inosservati, mentre con quello che le hanno assegnato la bersagliano di fischi e di proposte di vario genere, oltre a massacrarle i piedi con quei tacchi a spillo , tanto che ha dovuto prendere una bicicletta per spostarsi... Oggi, neanche a farlo apposta, è appena passato Gabbiano che, senza una parola di saluto, le ha gracchiato di intervenire in via dei Salici, a casa Attaccati. Come se, per il fatto che abitano in via dei Salici, debba per forza intervenire lei: ma per chi l'hanno presa? Sembra che sia lei l'unica al mondo a lavorare, mentre in questi giorni le altre fate stanno pensando a fare le pulizie di Pasqua nelle loro case, cambiando le tendine e preparando torte...
Adesso è arrivata a disturbarla anche una fatina dei fiori, tutta agitata e turbata da una cosa che ha visto nel suo giro di ronda. Come al solito: sono poche le cose che sanno fare da sole, quelle, e vengono sempre a far fare il lavoro più duro a loro, le fate degli alberi, in particolare a lei! La fata dei fiori le racconta che, passando davanti alle finestre di Samuele Attaccati, in via dei Salici (e due!, pensa Fata Aspirina), ha visto, appesa al muro della sua cameretta, una lavagna a forma di elefante, con su scritto MEMO. Eh sì, spiega, perché si sa che gli elefanti hanno una memoria prodigiosa, e non dimenticano mai un torto subito. Ma il guaio è che Samuele, invece che scrivere sulla lavagna il numero di telefono di qualche compagno di scuola, o il titolo di qualche film da noleggiare, o libri da comprare, o compleanni da ricordare, ha scritto, col pennarello indelebile, una lista di offese da non dimenticare. Si comincia con ultima fetta di torta sparita dal frigo (Lisa),poi si continua con Temperamatite prestato a Giampiero, rotto, e Veronica non mi ha fatto copiare il compito... Non ha avuto il coraggio di leggere oltre, da tanto le veniva da piangere... ed ora, eccola qui, a supplicare un suo intervento...
"Be', non vedo cosa ci sia di strano... in fin dei conti è un buon esercizio per la memoria... " dice Fata Aspirina continuando ad armeggiare con le sue boccette.
"Benedetti cielo e terra! Non ti rendi conto che è terribile? Il piccolo Samuele, tutte le mattine, la prima cosa che legge è una lista di cose spiacevoli, e così, fin dalla mattina, avrà un sapore amaro in bocca che gli durerà tutta la giornata... e proprio in questo periodo, poi, vicino a Pasqua, la festa della dolcezza e della cioccolata... Be', io te l'ho detto, ti lascio al tuo lavoro, decidi un po' tu... " E la piccola

fata dei fiori va via, irritata e sulle sue. "Queste violette!" pensa Fata Aspirina "sempre così ipersensibili... Comunque, visto che ho ricevuto due segnalazioni, dovrò proprio andarci: ma se anche questa volta, come due anni fa, per colpa di Corvo, mi toccherà di fare un viaggio a vuoto, gliela farò pagare a tutti e due!... "
Adesso la fata, che ha finalmente finito di preparare l'essenza dei fiori di salice, ne mette in bocca qualche goccia, per provare se è riuscita bene. Che sapore squisitamente dolce! Si era dimenticata quanto fosse buona, o forse è questa annata che è particolare... L'essenza le sta sciogliendo tutto quel gusto amaro che aveva in bocca da un po' di giorni. E insieme al sapore amaro si scioglie anche la sua amarezza nei confronti della scuola della Quercia, di Gabbiano, di Corvo, di Fata Violetta... Adesso che è più rilassata si rende conto che, effettivamente, quando gli è stato dato da sfogliare il catalogo dei travestimenti perché ne scegliesse uno, è stata lei che, cedendo alla sua vanità, ha scelto il look da top model, e quindi non può certo incolpare nessuno della scomodità dei suoi spostamenti. Si rende anche conto che Gabbiano, Corvo, e le fate dei fiori fanno solo il loro mestiere di segnalatori, e che fa parte del gioco prendere qualche abbaglio: meglio qualche segnalazione in più che non accorgersi di bambini infelici... Si rende anche conto che è stata lei a esprimere e a dimostrare la sua volontà di aiutare, di servire, come una brava infermiera in un ospedale, senza troppo tempo per il riposo, ed è ben per questo che le hanno dato il nome di Aspirina, e l'hanno assegnata al salice, dalla cui corteccia, per l'appunto, si ricava quella medicina che si usa tanto negli ospedali degli uomini... Dunque, è deciso: solo qualche ora di sonno, e, domattina, al lavoro.
Il Signor Attaccati sta proprio uscendo dal negozio con due belle uova di Pasqua, che sente uno stridio di freni e uno scampanellio: si volta e si trova davanti una ragazza mozzafiato, in bici, che gli dice: "Sono del servizio recapito a domicilio della pasticceria. Dia a me le uova: sono troppo ingombranti, le porterò io a casa sua, puntualmente, domani mattina". Molto perplesso dall'efficienza del negozio, che effettua le consegne anche la mattina di Pasqua, e dall'aspetto della pasticciera, che è più simile a una valletta che a una commessa, il signor Attaccati non ha il coraggio di replicare e consegna le uova.
Quella sera, fata Aspirina, cautamente, apre l'uovo incartato di azzurro (evidentemente, quello per Samuele, perché quello di Lisa è

rosa) e ci trova dentro... una pistola ad acqua! " Non ci posso credere !" pensa scandalizzata" E' questo il messaggio di pace che viene dato per Pasqua? Ma chi è che produce queste uova?" Però la fata sa, perché glielo hanno insegnato più volte alla scuola, che non si può alterare troppo la realtà, e quindi si possono apportare solo piccole modifiche, solo quel tanto che basta ad aggiustare un po' le cose. E quindi? Ma sì, certo, sa già come fare.
E' la mattina di Pasqua. Il signor Attaccati ha passato ieri sera e stamattina presto a spiegare a sua moglie che è arcisicuro che le uova arriveranno in tempo, La signora però ha avuto molti dubbi quando ha ascoltato la descrizione della commessa del negozio, e ha pensato che suo marito si sia fatto fregare come al solito: e poi chi ci rimette è lei che dovrà andare in fretta e furia al bar a comprarne delle altre! Questa, poi, non gliela perdonerà mai! Squilla il campanello, e i signori Attaccati, che si sono precipitati entrambi alla porta, restano sbalorditi nel vedere una stupenda indossatrice truccata di tutto punto che, consegnate le uova con uno smagliante Buona Pasqua! scompare velocemente, inseguita dalle occhiate compiaciute del signor Attaccati. Le uova vengono prontamente aperte da Lisa e Samuele. Una bambola con le ali per lei (ma che strana... ), e per lui una pistola ad acqua. Samuele, contentissimo, comincia ad armeggiare per capire il meccanismo, e, mentre sblocca una levetta che faceva da sicura, parte un getto d'acqua che lo colpisce proprio in viso. E' un'acqua dolce, strana, che gli lascia un buon sapore in bocca. E mentre la Signora Attaccati brontola che non si è mai visto che mettano le pistole ad acqua già caricate nelle uova di Pasqua, ecco che uno schizzo,accompagnato da una risata, colpisce anche lei. Uno schizzo colpisce anche la lavagna appesa al muro, dove ciò che c'è scritto, alla faccia del pennarello indelebile, si scioglie e cola via. E Samuele si rende conto chiaramente che sulla fetta di torta in frigo non c'era scritto proprietà di Samuele; si rende conto che a tutti può capitare di rompere un temperino, anche a lui; si rende conto che se voleva essere sicuro di far bene il compito avrebbe dovuto studiare di più... e che poi tutto questo non ha troppa importanza, visto che oggi è una splendida giornata e che questa cioccolata ha un sapore così dolce come non lo sentiva da almeno un anno... "Sono davvero dolci queste uova" dice la signora Attaccati a bocca piena, porgendone un pezzo a suo marito e baciandolo poi sulla guancia, lasciandogli uno sbaffo di cioccolata

"Grazie a te, tesoro: hai fatto un'ottima scelta!"...
"Ehi, coraggio, venite a servirvi, ne è avanzata un po'… " Fata Aspirina sta invitando Gabbiano, Corvo , e le Fate dei Fiori a prendere dei pezzetti di cioccolata avanzati dal suo lavoro di ieri sera di taglia e incolla. Sono solo poche briciole, è vero, ma hanno un gusto così intenso che, unite alle gocce del salice, riempiono cuore, occhi e testa di un sapore e di una musica straordinariamente dolci...

## OAK
### (Quercia)

Che ci fanno due fate, in pieno giorno, così lontane dal bosco? Sono due allieve fate degli alberi, della Scuola della Quercia, lo si capisce dal volo non troppo sicuro, e dall'aria tipicamente furtiva di chi ha marinato la scuola. Per la verità , le lezioni non sono ancora cominciate, perché ancora non è buio, ma, invece che stare nascoste a studiare, una delle due fate ha convinto l'altra a uscire in esplorazione per "andare avanti nel programma". Basta lezioni teoriche, hanno deciso! Hanno sbirciato gli appunti delle allieve più grandi, hanno preso qualche fiore appena sbocciato sulla quercia, e hanno deciso di provare a produrre la loro prima essenza di fiori...
Non capiscono perché le stanno costringendo a studiare cose così noiose come la botanica, il ciclo di riproduzione, esercizi di respirazione, di meditazione… una vera noia… fino all'anno prossimo non c'è niente di interessante… . La loro insegnante più severa, Fata Roverella, che da sempre vive nella Quercia, non ha rinunciato a fare lezione nemmeno oggi che è assolutamente senza voce. Non si prende mai un giorno di riposo, neanche quando si ammala, e quindi, quello che è peggio, non possono riposarsi neanche loro! E pensare che, adesso che molti alberi sono fioriti, e l'aria è già così dolce, sarebbe così bello, appena è buio, far festa e esercitarsi a volare, e a illuminare la notte, visto che ancora non ci sono lucciole a far loro concorrenza… Ma, per Fata Roverella, esiste solo la parola dovere: devo assolutamente spiegarvi questo, e dovete ricordarlo bene, e dovete studiare di più, e non devo permettervi di trascurare questa parte del programma, e i vostri doveri più importanti sono., e ricordate che siete qui per aiutare gli altri…
E adesso, perché non imparare divertendosi un po'? Una piccola

scappatella non è la fine del mondo, e poi non lo verrà a sapere nessuno... ma, adesso, devono trovare dell'acqua, ma dove?

Fata Roverella, intanto, sta osservandosi la lingua davanti allo specchio: non ha certo un bell'aspetto, e le fanno male le ali, ma proprio oggi non può permettersi di ammalarsi: cosa farebbero le sue allieve, senza di lei che insegna le cose più difficili, che sono in programma in questo periodo, e che controlla che studino tutto?

Le due fate hanno finalmente trovato l'acqua: certo, non è acqua di fonte (non le hanno ancora portate alla sorgente che c'è vicino alle montagne, e non sanno la strada) ma è in una cucina di una delle ultime case della città. Al di là dei vetri vedono una bambina, seduta al tavolo , che si sta impegnando a scrivere con la mano sinistra, perché ha il braccio destro ingessato. Contemporaneamente, sta tenendo d'occhio una pentola sul fuoco, che ogni tanto va a mescolare. Ma si vede che è difficile, per lei. Non vede che non può certo fare i compiti, nelle sue condizioni? E che, certo, quando sarà il momento di sollevare la pentola, non ce la può fare? Ma dove è la sua mamma? Le due fatine salgono alle finestre del piano di sopra e vedono una camera da letto, con una donna sotto le coperte, e un comodino pieno di boccette di medicinali. Non sembra in grado di preparare la cena, quella mamma. Ecco entrare la bambina in camera, e fermarsi al letto della mamma per controllare come sta. "Dai, approfittiamone" si dicono le fate, ed entrano in cucina dalle finestre socchiuse, avvicinandosi ad un bicchiere pieno d'acqua che è sul tavolo. "Adesso dobbiamo aggiungere i fiori e tanta luce" dice una delle due, leggendo sui suoi appunti. "Cosa si intenderà per luce?" si chiedono Ma sono pur sempre fate e chiudono gli occhi , tutte e due, pensando alla quercia, alla forza del suo tronco, alla sua ospitalità nei confronti di tutti gli esseri del bosco, insetti, animali, piante, fate, al suo essere di aiuto sempre, al suo spirito di sacrificio e senso del dovere... e, mentre pensano, si illuminano come due lampadine, e la loro luce avvolge il bicchiere e i fiori che vi galleggiano. Poi, velocissime, riempiono una boccetta vuota, levano i fiori , li lanciano fuori dalla finestra, e volano via, perché sentono dei passi che scendono le scale. "E l'acqua nel bicchiere?" si dicono uscendo... Non riescono a trattenere la curiosità e si fermano fuori dalla finestra, in tempo per vedere la bambina che, con la mano sinistra, prende il bicchiere e lo beve. Poi la vedono sorridere, guardare le poche righe scritte faticosamente con la sinistra sul quaderno di scuola, e guardarsi poi il braccio ingessato. "Certo non posso fare tutto con una mano sola!" dice ad alta voce "ma qualcosa sì... " E la vedono tirar fuori da un cassetto un registratore, premere un tasto e cominciare a parlare al microfono:" Relazione di Storia. Svolgimento:... " Poi, dopo poche frasi, la vedono illuminarsi come per un'idea, alzarsi e spegnere il fuoco sotto la pentola, prendere il telefono e dire: "Pizze a domicilio? Ne servono due qui, per favore... "

Le due fatine si guardano sorridendo: le gocce funzionano! Quella bambina è diventata una piccola quercia, che fa i suoi compiti e aiuta la mamma, senza però farsi del male! Il primo dovere di ognuno, lo dicono sempre a scuola, è pensare a star bene: solo così si possono aiutare anche gli altri...

Ma, adesso, le due fate volano indietro verso la Quercia, stringendo in mano la boccetta e progettando come riuscire a far prendere le gocce a Fata Roverella.

E' quasi buio, ormai, e Roverella, sempre più raffreddata, ma ancora decisa a fare lezione, sta riordinando gli appunti, davanti a una tisana di erbe che dovrebbe farle tornare la voce. Be', per le due fatine è molto semplice: mentre una di loro chiede alla Fata di chiarirle un dubbio sulla classificazione degli alberi, l'altra versa le gocce nella tisana. E poi via, in classe, ad aspettare l'effetto del loro intervento. Che non si fa aspettare troppo: Fata Roverella manda a dire alle allieve che ci ha pensato bene, e, stasera, avranno la serata libera. Domani, invece, lavoreranno da sole, a cercare nel bosco, usando l'intuito, erbe adatte al mal di gola. Così lei, che già da ora si sente meglio, per il solo fatto di aver deciso di riposarsi, potrà tornare presto ad insegnare...

Le allieve della scuola stanno organizzando una festa, stasera, e nella sua camera Fata Roverella sorride, perché ha capito la lezione che è stata data a lei, vecchia insegnante, da due giovani allieve. Ha riconosciuto subito il sapore dei fiori di quercia, nella sua tisana. Un po' troppo aspra, l'essenza, ma riuscita perfettamente, per essere al loro primo tentativo... ben fatto! Ogni tanto anche a lei è giusto ricordare che il primo dovere è ascoltare le proprie esigenze di riposo... Anche quest'anno, il suo mal di gola è giunto a puntino: aveva proprio bisogno di un po' di vancanza extra... magari la prossima primavera sarà bene programmare più giorni di riposo, di questa stagione, e, chissà, istituire una Festa della Fioritura della

Quercia...

## CRAB APPLE
### (Melo selvatico)

"Come vorrei essere solo un pochino diverso, magari anche solo avere un becco giallo... invece no, tutto nero come la notte, con questo rostro sporgente e inelegante che spaventa i bambini... " Corvo sta volando sulla campagna, da solo, e , come a volte accade a chi è scontento di sé, la bellezza della fioritura di aprile, che è esplosa solo da pochi giorni, lo fa sentire ancora più miserabile. " L'ultima volta che mi hanno fatto un complimento "pensa " è stato uno scherzo crudele, per rubarmi un pezzo di formaggio che avevo trovato... Vorrei nascondermi da questo sole che rende più brillanti i colori dei fiori... e il mio nero è come una nota stonata, stonata come il mio verso sgraziato... "

Carmela è chiusa in bagno e si sta guardando allo specchio. Suo fratello Angelo, fuori, sta prendendo a calci la porta e le sta dicendo: "Dai, Mela, esci da lì dentro, guarda che se ti guardi ancora lo specchio si spaventa e si rompe! Non crederai mica di essere diventata bella in una notte? Sei sempre il solito sgorbio, più piatta di una tavola da surf!... " E la cosa più terribile è che Angelo ha ragione: Mela si vergogna terribilmente del suo aspetto, tanto che vorrebbe davvero chiedere scusa allo specchio... Come può essere ingrassata così tanto, in così poco tempo? E poi, il grasso non è certo nei punti in cui dovrebbe essere... e si cominciano a vedere troppi peli, orribili, lunghi peli che spiccano sulla sua pelle bianca... Come fa ad esserci qualcuno che parla di sbocciare e diventare donna? Per come la vede lei, essere donna è veramente orribile... Non vuole... non vuole... E Mela corre in lacrime dalla mamma, sperando che riesca a farla sentire ancora una bambina piccola, con un corpo magro e liscio, senza curve o peluria da nascondere.
Carmela esce di casa senza fare colazione. La mamma le ha fatto le code, come quando era piccola, e l'ha coccolata un po', ma poi lei è scappata via perché (non l'ha detto alla mamma, ha paura che si arrabbierebbe) ha deciso di mettersi a dieta: vuole dimagrire a tutti i costi, vuole smettere di vedersi allo specchio con quei fianchi così

larghi e quella pancetta e quelle cosce che non sono sue... Lo stomaco le brontola un po', certo: ma vuole sopportare la fame, non vuole doversi vergognare nel mettere i pantaloncini corti, ora che comincia a far caldo.

Corvo zampetta nel campo, cercando qualche verme; e, un passo dietro l'altro, finisce senza accorgersene vicino al sentiero, dove troneggia un melo selvatico in piena fioritura. Quando alza la testa, tutto quel bianco fiorito lo acceca. "Per carità!" pensa "Ancora fiori, ancora bianco! Non lo sopporto... Vorrei che arrivasse subito il buio, per potermi nascondere e passare inosservato... " E beve un po' d'acqua da una pozzanghera ai piedi dell'albero, dove galleggiano al sole alcuni fiori. Ma, che strano, è come se quell'acqua fosse vernice bianca, da quanto se ne sente purificato. Mentre le gocce scendono dentro di lui è come se tutto il nero delle sue piume diventasse candido, come se il suo becco diventasse d'oro, e la sua voce armoniosa come quella di un usignolo. Eppure Corvo può vedere benissimo che il suo aspetto è invariato e che il suo CRA ha lo stesso suono di sempre... Solo, si sente cambiato. Si sente pulito, fiero di sé, senza alcuna vergogna del suo colore: anzi, nota come le sue piume brillano di riflessi blu, sotto il sole, dandogli un aspetto magico, importante. E, d'altra parte, lo è davvero, importante, pensa Corvo, volando su un ramo del melo. Senza di lui che segnala alle fate la necessità di interventi, o che le trasporta quando hanno bisogno, il mondo sarebbe in difficoltà. Che potente veicolo è il suo corpo, al servizio della sua volontà e della sua anima! Non cambierebbe le sue ali e il suo colore con niente al mondo, perché la purezza del suo cuore rende il suo aspetto e le sue azioni così puri che non potrebbero mai aver bisogno di essere migliorati!
Corvo sta per alzarsi in volo per riprendere il suo servizio, che vede una bambina infelice che si sta avvicinando. "Bene... " pensa "forse ci sarà una segnalazione da fare... ". E la tiene d'occhio un po', per vedere se è necessario l'intervento di qualche fata... Quella bambina cammina un po' curva, come se volesse nascondersi, come se si vergognasse di qualcosa. E, ora, si siede proprio sotto l'albero, a giocherellare coi lacci delle sue scarpe, immersa nei suoi pensieri.
Corvo è così fiero di se stesso, oggi, che decide di agire da solo. Saltella sul ramo, apre e sbatte le ali, e così facendo i rami

dell'albero si scuotono e le gocce che si erano posate sui fiori cadono tutte in testa a Carmela, che subito pensa a stendersele sul viso, in bocca, sulle gambe, perché la nonna ha detto che la rugiada dei fiori è un vero trattamento di bellezza. E, davvero, quasi subito è come se si sentisse più bella. Non certo bellissima, no, ma ci sono tanti modi di essere tra bruttissima e bellissima: si sente particolare, ecco, "un bel tipino" (come le dice sempre la mamma), e queste code, sì, le donano proprio, pensa, mentre si guarda riflessa nel suo specchietto. Non la fanno affatto sembrare una bambina piccola, ma le stanno bene, le danno un'aria da peperino che la fa sorridere, e sporgere in fuori quel po' di petto che sta cominciando a crescere (Be', non è certo una maggiorata, ma neanche una tavola da surf! Ci sono vie di mezzo, tra i due estremi...). Quello che continua a vedere, nello specchietto, per quanto lei lo inclini per controllare tutto il suo corpo, è sempre la luce dei suoi occhi, la sua bella anima lucente come i fiori di questo melo, bianchi e luminosi, semplici e puliti, che le dicono che la bellezza non è nelle cose fuori dall'ordinario, ma è invece nelle cose ordinarie, comuni; che le dicono che fra i due estremi di nero e bianco ci sono tante altre possibilità e sfumature, e lei, Mela, è una di quei colori, unica e irripetibile.

Con un frullo di ali improvviso, un corvo si alza in volo dall'albero e si allontana, lasciando cadere fiori di melo che gli erano rimasti impigliati nelle piume. CRACRACRA... continua il corvo alzandosi in volo, e il suo verso, che strano, sembra più una risata, che non il consueto richiamo di un corvo... Sì, una risata, una risata contagiosa, che fa ridere anche Carmela e la fa alzarsi di scatto in piedi e correre verso casa. Lo stomaco che brontolava un po' ha deciso di segnalarle che ha proprio fame, e Mela pensa che chiederà consiglio alla mamma su diete, curve, peli, e altra roba da donne... in fin dei conti è stata anche lei una ragazzina, molti anni fa, e forse se lo ricorda ancora...

La mamma le ha dato una mela da mangiare in attesa del pranzo, e Carmela sta giocando in giardino quando passa suo fratello, di corsa, e le dice "Sai che stai proprio bene con le code? Sei quasi carina..."
Ah be', pensa lei soddisfatta, finalmente se ne è accorto anche lui! Lo ringrazia con un sorriso candido, e gli lancia un fiore di melo che si toglie da dietro l'orecchio...

# FIORI PER L'ECCESSIVA PREOCCUPAZIONE PER GLI ALTRI

## CHICORY
**(Cicoria)**

- Gli antichi Romani onoravano la Dea Cerere, la Madre Terra – sta raccontando la maestra – detta anche Demetra, o Gaia…
- Si chiama come me! – urla Gaia dal suo posto, scatenando un aggrottar di ciglia della maestra.
- La Dea ha per simbolo le spighe di grano perché il grano pensa a nutrirci, come la Terra, e cede tutta la sua pianta per nutrire noi uomini e gli animali… -
- A me piace molto il cuscus che fa la zia, col grano! –
La maestra guarda ancora, severa, Gaia, e continua: - Come la Terra nutre continuamente tutti i suoi abitanti, così Cerere, diventata madre, amava teneramente la figlia Persefone… ma questa storia la racconteremo un altro giorno… Oggi, visto che abbiamo parlato di grano, vi voglio portare appena fuori città, dove c'è un bel campo di grano che sta maturando… -
La maestra controlla che tutti, ma proprio tutti, si allaccino il golf, e che siano andati tutti a fare pipì. Gaia non la sopporta proprio quando fa così: come se loro non fossero in grado di fare da soli! E poi ha sempre da ridire sui capelli che dovrebbero stare legati e sulle unghie che dovrebbero essere più corte, e i calzini tirati su… Ma se invece pensasse un po' alle sue, di calze, che hanno quella sfilatura bene in vista!
- Gaia, mi presti i tuoi pennarelli, oggi, se tu non li usi? – Ecco Irene che, come al solito, le dà noia con la sua voce lamentosa.
- No, i pennarelli sono miei, dovevi pensare a portare i tuoi, stamani!
– Ben detto! Dice Gaia a se stessa: ora, forse, Irene capirà la lezione…
Mentre la classe cammina lungo il sentiero che porta al campo, Gaia guarda fra i cespugli, lungo il fosso. Lei vede cose che altri non vedono. E' da un po' che l'ha capito, da quando ha raccontato alla mamma di aver visto una fata, e un'altra volta uno smorf, e ha visto

negli occhi della mamma la placida incredulità che si riserva a un bambino che sogna ad occhi aperti. Ma lei non stava sognando. E non sta sognando neanche ora, che ha visto due piccoli esseri che scappano a nascondersi dietro un rovo, giusto in tempo per non farsi calpestare dai suoi compagni. Deva, ha detto la zia. La zia è un po' maga, l'ha sentito dire un giorno dal suo papà, e allora Gaia si è fatta coraggio e le ha raccontato dei piccoli esseri che vede, a volte, nel bosco e in campagna, accanto ad alberi, cespugli, fiori. Si chiamano deva, ed è come se fossero i custodi dei fiori, come la Maria, che pulisce i bagni dopo la ricreazione e che vende le schiacciatine. Ed è quindi per questo che Gaia non si sorprende nel vedere uno spiritello azzurro, con occhi azzurri e un corpo snello, così agile che quasi non se ne vedono i contorni da quanto si muove veloce, che la aspetta lì, seduto sotto la sua pianta, ai margini del campo di grano. La maestra ha cominciato a parlare del grano e si inoltra nel campo, col resto della classe, mentre Gaia resta ferma accanto a questa pianta dai fiori azzurri, cicoria, l'ha chiamata la maestra.
"Guardami", dice la pianta, "guarda che meraviglia i miei fiori. Non c'è altro degno di nota, qui attorno." Il Deva della pianta sbuffa e, senza neanche dar segno di notare Gaia, si rivolge alla pianta: "Se solo tu provassi, almeno una volta, a lasciare aperti i tuoi fiori anche dopo mezzogiorno, quando il sole è alto, proveresti una gran gioia a farti illuminare i petali dai suoi raggi… ". "Da chi, da quel pallone gonfiato? Neanche morta, preferisco chiuderli e non vedere le arie che si dà… Ma non mi distrarre, ora, noioso… lasciami parlare col mio pubblico… " Gaia si guarda intorno un paio di volte, prima di capire che Cicoria sta parlando di lei. E si avvicina. Tocca con le sue dita i petali del fiore e poi, sì, non resiste alla tentazione, anche lo spiritello che è seduto sul fiore, con aria imbronciata.
- Io credevo che alle piante piacesse il sole; la maestra dice che i fiori seguono il sole nel suo percorso, durante il giorno… -
"Ah, mia cara!," le risponde Cicoria " ma quelle sono piantucole senza spina dorsale, pronte a inchinarsi di fronte a "Sua maestà"… Il sole, all'inizio del giorno, è ancora un vicino accettabile, discreto, ma poi diventa sempre più invadente e mi ruba l'attenzione di tutti, vuole essere sempre al centro della scena, lui… !"
Gaia, pensosa, dice: - Sai, Cicoria, col mio papà e mia sorella cantiamo sempre una canzone che dice "per fare un albero, ci vuole un fiore… "-

"E' vero! E' vero!" Annuisce Cicoria.
- "per fare un fiore, ci vuol la terra… "-
"Be', non so se è proprio così… " Cicoria si scuote un po', a disagio.
- "Per far la terra ci vuole il sole; per fare un fiore, ci vuole il sole…
"-
"Ah, questo poi no!" E Cicoria si gira dall'altra parte, offesa, mentre lo spiritello azzurro sta svolazzando felice sbattendo le ali come per applaudire le parole di Gaia.
Gaia, adesso, cerca di rimediare : - Del resto penso che si potrebbe anche dire che… Apollo, sai, è il dio del Sole, e, secondo gli antichi romani, lo tira col suo carro tutte le mattine per fargli illuminare la terra… insomma, se Apollo sapesse che non ci sono fiori da far crescere e da illuminare coi raggi del sole, penso che si risparmierebbe la fatica di farlo uscire (così come fa il mio papà che lascia la macchina in garage tutta la domenica, quando non ci deve accompagnare a scuola). E quindi – Gaia conclude, soddisfatta – il sole, per alzarsi in cielo, ha bisogno del fiore! –
" Sì, SI', E VAI!!! – Urlano in coro Cicoria e lo spiritello , battendo foglie e ali…
"Forse, solo per oggi, lo faccio proprio per te , e spero che me ne sarai grato" dice Cicoria al deva " resterò a fiori aperti anche dopo mezzogiorno… " .
Gaia controlla il suo orologio e vede che, di fatto, è già mezzogiorno passato, e infatti la maestra sta tornando indietro coi suoi compagni. Il sole brilla sui petali azzurri, che sembrano ancora più azzurri, ma, che strano, si formano delle piccole gocce sulle corolle dei fiori. – Che succede? – chiede Gaia al deva. E lo spiritello, sorridendo: " Succede che non ha pensato a questi " dice, inforcando un paio di occhiali da sole " e adesso le lacrimano i petali perché le dà noia la luce… ". Sorridendo Gaia raccoglie qualche goccia con le dita e se le porta alle labbra, mentre la maestra sta spiegando : - I fiori della cicoria stanno aperti solo dalla mattina presto a mezzogiorno, quindi adesso non li vedrete. Peccato perché sono di un bell'azzurro e starebbero benissimo nelle vostre foto e disegni… -
Ma la maestra si ferma a metà discorso, stupita nel vedere quella bella pianta a fiori aperti, incurante della luce.
– Che strano – dice. Stacca un fiore e se lo infila nei capelli, sapendo che farà sembrare ancora più azzurri i suoi occhi. Una goccia del fiore le cade sul volto e la maestra, ridendo, se la lecca via.

Gaia non ha fatto in tempo a salutare il deva della cicoria, che si è nascosto in mezzo alle spighe, sulla sua sedia a sdraio, e, d'improvviso, sente il suo cuore aprirsi come i fiori di Cicoria, e le prende la voglia di andare vicino a Irene. e di offrirle il suo pennarello azzurro, così potrà finire il suo disegno in bellezza.
- Gaia, tu non hai fatto nessun disegno? – Comincia a rimproverarla la maestra, ma poi si interrompe, sorride fra sé, la prende tra le braccia e dice : - Non importa… Ragazzi, mezz'ora di gioco libero! Scatenatevi pure, basta che non vi ammazziate! – E, ridendo, si sdraia, senza accorgersi che il deva, per gioco, le sta scompigliando i capelli…


## VERVAIN
### (Verbena)

"Quest'anno dobbiamo proprio vincere!" pensa Vittorio mentre si avvia alla riunione del Comitato per i festeggiamenti del Ferragosto, nel Consiglio Comunale. Qui si sono riunite le rappresentanze di tutte le frazioni del Comune, e Vittorio partecipa come rappresentante dei ragazzi della sua scuola. Adesso, alla riunione del Comitato, alza continuamente la mano, e propone sempre la stessa cosa: un torneo di calcetto come priorità nel programma dei festeggiamenti. Già vede la sua frazione (la parte alta del paese), i rosso-azzurri, abbattere i verde-blu (il rione vicino alla stazione). Occorrerà un allenamento durissimo, certo, ma sa già chi chiamerà in squadra. E, mentre gli adulti del Comitato non osano obiettare niente di fronte a questo ragazzino sfegatato, che ha già detto che preparerà lui un campetto da calcio, che allenerà lui la squadra, e che non si dovranno preoccupare di niente, veronica, l'altra rappresentante della scuola, interviene appena può, per dire che in questo modo le bambine non potranno giocare, e che si potrebbe magari organizzare una caccia al tesoro… Sì, alza la voce, anche lei, ma Vittorio urla di più, e così la riunione del Comitato si conclude con un OK alla proposta del torneo di calcetto. Incurante delle proteste di veronica, che cerca di fermarlo all'uscita, Vittorio si precipita nel suo quartiere, dove suona alle case di una decina di candidati calciatori, strappandoli a un pigro dopo pranzo e a cartoni animati visti nella penombra fresca del salotto, perché, li incita, "E'

ora di iniziare l'allenamento, forza!". Senza farsi influenzare dalla loro reticenza, li convince ad uscire di casa e a cominciare a scaldarsi con una corsetta su e giù dalla chiesa alla stazione, sostenendo che il fiato è la cosa più importante, per la vittoria...
Alla fine della salita , di ritorno alla chiesa, però, Vittorio si volta e vede che si è perso metà della squadra al negozio di gelati, e che gli altri, sudati e rossi in viso, hanno a malapena il fiato per dire "domani, riposo!... "
"Ne riparliamo!" urla, allontanandosi, perché il suo progetto ha bisogno di un altro passo avanti: un bel campo di calcetto, in cui allenarsi e poi giocare il desiderato torneo. Mentre si avvia ai margini del paese, Vittorio pensa già a chi chiedere le divise della squadra: sua zia, e la nonna del suo amico sanno cucire; e si faranno anche convincere facilmente... No problem! Canticchia sotto il sole del pomeriggio...
Vittorio ha trovato una bella area incolta, che può diventare uno splendido campo da calcetto. "Forza, al lavoro!" pensa, e comincia a strappare le erbacce, per liberare la zona. Ai margini del campo c'è un bel cespuglio di verbena, sotto il quale sta dormendo (è pieno giorno), nascosta da una foglia, una fata dei fiori. La pianta di verbena ha sussultato di paura, e questo risveglia immediatamente la sua fata , che nota subito un pericolo che avanza: un bambino sudato e accaldato che si avvicina imperterrito, sradicando tutte le piante che trova sul suo cammino. Borbotta tra sé e sé qualcosa che somiglia al resoconto di una partita di calcio: "... Poi scatta il centravanti e tira una potente cannonata che sorprende il portiere dei verde-blu... E' goal! E' goal, e partita per i rosso-azzurri!!!" E su questo urlo strappa con vigore un ciuffo di gramigne. Il pericolo si avvicina: la fata corre volando da Vittorio e, non vista (il suo volo è così rapido che solo occhi molto attenti riescono a notarla) slaccia le scarpe di Vittorio, che inciampa e si ferma. Ma solo per un po', per legarsi le scarpe. Dopo, come un carroarmato, ricomincia ad avviarsi verso la sua pianta. E, dunque, ora una tiratina alla maglietta, ora un suono di campanelli che lo fa voltare per capire cosa sta succedendo, ora un pizzicotto sulla gamba, che lo costringe a cercare l'insetto che l'ha colpito, e a darsi una leccatina: un piccolo ostacolo dopo l'altro, Fata verbena cerca di fermarlo, ma i suoi tentativi non sono molto efficaci. Niente potrebbe fermare la visione di grandezza in cui è immerso Vittorio, in cui la sua squadra, finalmente, vincerà il torneo

di Ferragosto, e gli stendardi rosso-azzurri sventoleranno sulla strada provinciale fino alle prime piogge d'autunno. Fata Verbena si asciuga il sudore col suo fazzolettino rosa profumato. "Questo ragazzino è proprio scatenato" pensa "Non si ferma mai: sotto questo sole caldo si muove come se lo spingesse qualcosa da dentro, qualcosa che non gli dà tregua, che non gli fa sentire fatica o dolore... Dovrebbe imparare dalla mia piantina, che è sì, così entusiasta nel crescere, da sollevarsi verso l'alto con i fusti sottili, dimenticandosi alle spalle le foglie, per la fretta, ma poi, però, si ferma, in una pace rosa e sommessa, con le piccole spighette rivolte al cielo, delicate e in apparenti, anche se conservano la sicurezza di sé... " fata verbena approfitta di un momento in cui Vittorio si è fermato, guardandosi alle spalle tutto il lavoro fatto, e, tenendosi ferma in volo sopra la sua testa, strizza il suo fazzolettino ben bene e se lo avvolge intorno alla fronte, per tirarsi indietro i capelli. Qualche goccia del suo sudore, strizzata dal fazzoletto, schizza addosso a Vittorio, che, stupito, guarda il cielo azzurro, in cerca di qualche nuvola di passaggio. Poi si asciuga la fronte e il viso e si passa la mano sulla bocca. Sono gocce salate, ed è come se fossero , come dire, colorate di rosa, tanta è la sensazione di calma che gli fanno provare. Improvvisamente, Vittorio ha voglia di fermarsi, proprio qui, accanto a questo cespuglio che deve ancora strappare... e la voglia di strapparlo, che strano, è andata via, come superata da un senso di amicizia e protezione verso questa piantina che si spinge in alto, senza foglie, con i suoi fiori delicati. Forse, pensandoci bene, il campo è già abbastanza grande, e anche se non ha l'aspetto di un vero campo di calcio, è spazioso e fa venire voglia di giocare, sì, di giocare anche a qualcosa di diverso dal calcetto... Vittorio si sente strano, leggero, libero di pensare ad altre possibilità... di giocare a... "Palla prigioniera! Perché non facciamo anche un torneo a palla prigioniera?" Sente la voce della sorellina di veronica che parla con lei. E Veronica, di rimando:" Ma sì, tutto fuorché calcio, un gioco troppo da maschi, ci sanno giocare solo loro... " veronica si ferma a cogliere un fiore di verbena, e, mentre pensa, ne succhia distrattamente la punta, come se fosse la sua matita, che ha sempre il vizio di mordicchiare.
"Oppure... "continua, ispirata... "Una bella corsa nei sacchi!" prorompe Vittorio, stupendo se stesso, e veronica. "E una gimcana!" aggiunge Veronica "Una gimcana, a squadre, come una staffetta, e

una delle prove può consistere nel tirare un rigore... o credi che sia troppo difficile per noi femmine?"
"Be', tirare un rigore proprio che riusciate a farlo... vieni con me che ti insegno subito... " Vittorio e Veronica si allontanano con la palla che Vittorio ha appena tolto dallo zaino, e la sorellina di veronica, rimasta indietro, si stropiccia gli occhi, perché non riesce a credere a quello che vede: un piccolo tesserino alato, con le maniche della veste bianca ben rimboccate, e una fascia rosa in fronte, li segue in volo, passando dall'uno all'altra, e battendo le mani, felice...


VINE
(Vite)

Rosa è grande ormai, ha 5 anni compiuti da un pezzo, e non vede l'ora di andare via da questa scuola di marmocchi, e di andare in una scuola da grandi , come quella di suo fratello Rocco... ".Mancano ancora un paio di mesi" pensa, sbuffando. E, così, propone alla maestra qualcosa di stimolante: perché non mettere in scena, per Pasqua, un saggio sulla storia della Pasqua ebraica, visto che proprio pochi giorni fa a tutti loro è stata raccontata la storia di come Mosé ha liberato il suo popolo dalla schiavitù del faraone? "Forse è un po' troppo, per voi piccoli... " azzarda la maestra "Sarà difficile fare in modo che tutti partecipino e si divertano... "
"Sta facendo un sacco di storie... " pensa Rosa " Forse è proprio lei la prima a non aver voglia di lavorare... " "Ma sì che si può fare! "insiste. E Rosa si dirige verso i fogli di carta da pacchi e i pennarelli, e comincia a tracciare i primi fondali della scena. E poi, senza farsi interrompere dalla maestra, le illustra il programma delle scene, le canzoni e i balletti che ha deciso di fare eseguire...
"Eva bene, Rosa! Vedo che hai le idee chiare, come al solito! Allora sai cosa facciamo? Guidi tu tutti i lavori!" E la maestra, non si capisce se sollevata o indispettita, si allontana a riordinare i giochi, lasciando Rosa alle prese con i fondali e con la distribuzione delle parti per la recita.
Rosa ha preso un cartone e l'ha arrotolato a cono, e ci sta urlando dentro, come fosse un megafono. "Di qua voi, i piccoli, fatemi

vedere come strisciate per terra e camminate piegati! Voi sarete gli schiavi... "
"Io non voglio fare la schiava... ... " piagnucola una bambina di tre anni...
"Poche storie! Altrimenti niente merenda!" esce minacciosa la voce di Rosa dal megafono.
"Adesso prendete quella sedia e metteteci sopra quel telo: quello sarà il trono del faraone!" E Rosa ci si mette sopra, in piedi.
"Io, ci voglio salire io, lì sopra... " La voce di Vincenzo, già grossa per essere ancora così piccolo, sovrasta quasi quella di Rosa, ma per ora Rosa tiene salda la sua postazione, e , da lì sopra, guarda attenta come procedono i lavori.
"Adesso però basta far chiasso, e mettetevi al lavoro! Ci sono da dipingere almeno tre fondali! Tu, tu e tu ! » Rosa indica due bambine del gruppo dei quattro anni che non fanno che ridere, e un bambino grassoccio del gruppo dei cinque : "Se non vi mettete subito a colorare, dirò alla maestra che siete voi che avete fatto a pezzetti tutta la carta igienica nei bagni, ieri, e che tu mangi gli avanzi dei piatti mentre aiuti a riportarli in cucina!" I tre accusati smettono subito di far chiasso: le bocche si piegano all'ingiù, e gli occhi si allargano, impauriti dal ricatto. Immediatamente,alle loro spalle, si materializzano dalle loro paure tre piccoli e disgustosi smorf, uno per uno.
"E voi:" dice perentoria Rosa ai tre smorf "in riga! E fate bene il vostro lavoro! Non mollateli un attimo finchè non hanno dipinto tutte le palme!... "
All'ora di merenda, la maestra ha ripreso il comando (si fa per dire, pensa Rosa, quella lì proprio non saprebbe comandare neanche delle pecore... ) e ha fatto interrompere il lavoro , per far giocare tutti in giardino.
Rosa si allontana dal gruppo, in ebollizione. Possibile che non riescano ad eseguire gli ordini in modo disciplinato? Certo, se perfino lei, Rosa, riesce a malapena a farli lavorare, usando tutti i mezzi, compreso il ricatto e gli smorf, allora che cosa ci vuole per costringerli? Ecco che, passeggiando, è arrivata vicino alle viti inselvatichite di un vecchio pergolato. I viticci con cui si abbarbicano ai supporti e che usano per spingersi in alto e per crescere, le fanno subito venire in mente l'idea che le mancava: la frusta! Ecco che cosa ci vorrebbe! Proprio come ai tempi del

faraone! E lei, Rosa, farà la parte del faraone, e userà la frusta! (Be', per finta, magari... o no?) E pensa già a come costruirsene una. "Grande idea, quella della vite..." pensa " Non a caso è una pianta che fa un frutto così buono, che leva fame e sete allo stesso tempo... " vede un grappolo, anzi un futuro grappolo, perché ora ci sono solo fiorellini verdi, ma non resiste alla tentazione: le piace così tanto l'uva! E ne prende uno in mano, premendo i fiori come per fare uscire il succo , per, poi, portarselo alla bocca... "Che fai, Rosa?" "Danne un po' anche a noi... " e si ritrova accanto, manco a farlo apposta, i suoi schiavi indisciplinati, capitanati da Vincenzo, il boss del gruppo dei quattro anni, che le tolgono dalle mani i fiori di vite, e li assaggiano... Rosa, però, ora, vede , che strano, i suoi schiavi con occhi diversi... è come se li vedesse amici, vicini a lei, come fratelli minori, che hanno bisogno di aiuto. L'idea della frusta le sembra assurda, adesso: non è così che si guida un popolo, ma con l'amore, e con la sicurezza che viene dall'essere vicini al proprio cuore, di sentire che si è parte di un quadro più grande, in cui tutti sono importanti, di sentire che la proprio volontà è una buona volontà, ed è proprio agli uomini di buona volontà che, come promesso, arriverà la pace in questa terra.

Rosa , quindi, sorridendo, si rivolge ai suoi compagni, e chiede:"Allora, chi di voi ha qualche idea sulla parte che vuole recitare?" " Io faccio lo scriba!" "E io il contadino... " "Noi gli schiavi... " le voci dei suoi compagni si alzano, una sull'altra. "Chi è che vuol fare il faraone?" chiede Rosa. Nessuno risponde. E lei., ora, non ne ha più voglia. "Tu, Vincenzo?" "Neanche per idea!" dice lui "Il Faraone era una gran carogna... potrei fare... il sacerdote!... E tu, Rosa, che farai?" Si alzano più voci da più punti "Fa la parte di Mosé!... Rosa è Mosé!" E Rosa viene circondata da un girotondo che le canta " Rosa, salvaci, portaci via... Rosa, Mosé, Rosé... Rosé... "

Rosa ha appena supervisionato la costruzione di una sagoma di cartone che sarà il Faraone, visto che nessun attore vuole quella parte, quando arriva, tutta eccitata, una delle maestre:

"Bambini, è accaduto un miracolo!... la direttrice ha visto come vi stavate impegnando per questa recita, e ha deciso che andrete tutti in una gita premio, che avrà per tema l'Egitto: prima ad un museo, e poi al parco divertimenti, quello con gli otto volanti che scendono giù dalle piramidi... "

Nonostante gli urrà generalizzati e il popolo che la vuole portare in trionfo, Rosa continua, sorridente e sicura, a lavorare aiutando i più piccoli. Ed ecco Vincenzo, che le si avvicina e le mormora all'orecchio:"Alla fine dell'anno inventiamoci qualcosa su Cristoforo Colombo, così ci portano tutti a fare una gita in barca... "

## BEECH
### (Faggio)

Questa notte, accanto alla fontana del parco, si sono riunite moltissime fate: fate dei fiori, e fate degli alberi, dalle più giovani allieve della scuola della Quercia, alle piccole fate delle margherite, dalle fate insegnanti alle fate dei fiori di montagna. Corvo e Gabbiano si sono fatti in quattro per trasportarle tutte, ma non certo perché c'è una festa: è ,invece, scattata una vera emergenza. La Fata del grande faggio che è nel giardino della scuola elementare è stata costretta a scappare dal suo albero. Adesso, ancora agitata e sottosopra, incoraggiata dalle altre fate, racconta che cosa è successo.
Un po' di tempo fa è venuta a trovarla un troll dei paesi del nord. Si è subito piazzato in casa sua, con le sue valigie, ringraziandola per l'ospitalità che la contraddistingue. Era venuto via dai suoi boschi, le ha detto, perché ormai si era stancato di quella vita. Gli altri troll, e gli elfi, gli erano diventati insopportabili, con i loro scherzi inopportuni e le loro continue chiacchiere. Perché non andare in vacanza al sud? Una bella vacanza solitaria... Ma , presto, Fata Faggiola si era resa conto che le cose non stavano proprio così: era molto più probabile, invece, che fosse lui che era diventato insopportabile agli altri, e che l'avessero "gentilmente" accompagnato all'uscita. Infatti,il troll aveva un gran brutto caratteraccio: non solo lasciava i suoi calzini puzzolenti accanto al letto della fata, e si addormentava russando, ovunque, ma pensava anche di essere spiritoso facendole scherzi di pessimo gusto, come svegliarla facendo il verso del calabrone, quando sapeva benissimo che lei è allergica ai calabroni! E le faceva il verso di quando si intrecciava i capelli, passando un sacco di tempo davanti al suo specchio e facendo finta di voler acconciarsi la barba incolta, per poi scoppiare a ridere sguaiatamente... Aveva poi preso il vizio di

nascondersi dietro un ramo quando i bambini usavano il faggio per fare la conta a nascondino, e sbuffargli addosso il fumo della sua pipa… Fata Faggiola non sa cosa sia successo, ma è cominciato tutto con Barbara, che era una bambina così tollerante, e che è diventata litigiosa; poi anche le sue amiche hanno cominciato a passare il tempo a spettegolare su tutti; infine, tutti i bambini della scuola non riescono più ad andare d'accordo… Le maestre, poi, che avevano tanta pazienza, sono diventate isteriche, e rimproverano tutti per tutto, visto che non riescono più a mettere pace tra i vari litigi che scoppiano ovunque…
"E' evidente quello che è successo!" dice una delle fate insegnanti" Il troll, con la sua abitudine di criticare, sparare giudizi e frecciatine, e fare dispetti, ha scatenato un'epidemia di intolleranza in tutta la scuola… ma basterà usare l'essenza dei fiori del faggio e le cose miglioreranno!"
"Ma di essenza non ce n'è più!" E Fata Faggiola scoppia in una crisi isterica:" Ne erano rimaste solo poche gocce, come accade tutti gli anni, subito prima della nuova fioritura (e del resto il faggio è fiorito solo ieri)… e le ho dovute prendere io… per riuscire a non uccidere il troll!!Davvero, non lo sopportavo più… è così, ho raccolto quel poco di calma che mi rimaneva, e mi sono presa le ultime gocce, così sono riuscita a non infuriarmi, a chiamare Corvo, e a venire qui, in cerca di aiuto… "
"E adesso come facciamo?" "E se l'epidemia si allargasse?" Subito qualcuna delle fate più piccole si agita e fa vibrare le ali per l'emozione.
"Scusate se apro il becco, signore" Gabbiano si fa avanti. E' molto raro che si intrometta in una discussione tra fate, per cui lo ascoltano tutte con molta attenzione. "Vi siete mai chieste come mai noi gabbiani, uccelli di mare, ci adattiamo anche a vivere in città, in periferia, in mezzo all'asfalto? Il nostro segreto è l'immaginazione: certo che ci manca il sapore dei pesciolini salati del mare aperto, ma, quando non ci sono, semplicemente ce li immaginiamo. E così possiamo nutrirci di pezzi di pane, bucce di frutta, patatine fritte… perché ci immaginiamo che siano gustosi pesci dei mari del nord… Quindi, signore, non avete più essenza di faggio? Ve la immaginate, ecco tutto… e, voilà, il gioco è fatto!"
"Come ti permetti, tu, Gabbiano, di dare a noi fate lezioni di magia?::::"Scatta su, rossa in viso, Fata Faggiola, ma subito le fate

vicino a lei la calmano e dicono che sì, è una buona idea, e può funzionare. E così , tutte insieme, chiudono gli occhi e cominciano ad immaginare i fiori del faggio. E, via via che i loro pensieri prendono forma, fata Faggiola si calma, e , presto, guida lei stessa la visualizzazione:" Pensate al faggio, alla sua eleganza e precisione, alla bellezza dei suoi particolari: la corteccia liscia, le foglie finemente plissettate come un vestito da sera, i fiori delicati e minuti... è proprio questa sua capacità di essere attento ai particolari che ne fa un estimatore di bellezza, e gli dà il talento di trovare la bellezza nelle cose più piccole, in ogni essere del creato, e di poter apprezzare tutti, ma proprio tutti... "
Poi, le fate immaginano di distillare l'essenza dei fiori di faggio e di cospargerne il troll con tanti spruzzatori...
"Finalmente se ne è andata" pensa il troll, soddisfatto. Adesso può fare progetti concreti per tenere lontani quegli antipatici di bambini che lo disturbano sempre con le loro urla quando sta dormendo. Prima di tutto potrebbe far nascere accanto al tronco qualche cespuglio di agrifoglio, che con le sue foglie che bucano li terrà lontani... Poi potrebbe costruire qualcosa, che so, uno steccato, una barriera di sassi, per farli inciampare tutte le volte che si avvicinano... mentre Troll sorseggia il suo sidro, con una smorfia, perché gli sembra troppo aspro, e continua i suoi progetti, si sente improvvisamente strano, gli si chiudono gli occhi, come se lo avvolgesse una nebbia...
Un gran sospiro di pace si alza dalla folla di fate intorno alla fontana. Fata Faggiola è rilassata e sorridente e dice, tranquilla: "Penso che adesso non avrò problemi. Gabbiano, per favore, mi faresti l'onore di scortarmi al mio faggio?" Quella notte stessa, tornata a casa, la Fata, dopo aver controllato il troll, che sta dormendo pacificamente come un angioletto, russando meno del solito, si mette a preparare l'essenza dei fiori del faggio. E la mattina, alle prime luci dell'alba, può finalmente andare a riposare un po', prima di rimettersi al lavoro. "Farò un intervento generale" pensa la Fata, in tarda mattinata, assumendo il suo travestimento da giorno, un 'inserviente vestita con un 'elegante divisa da lavoro verde, che pulisce i locali della mensa scolastica. Appena le brocche con l'acqua sono state poste sui tavoli, eccola passare, non vista, e versare alcune gocce dell'essenza in tutte le brocche. E tutti, ma proprio tutti, bevono quell'acqua, anche le maestre.

Dopo pranzo, i bambini vanno a giocare in giardino, e... meraviglia! si sente ridere e strillare di gioia, non pianti o crisi isteriche di bambini o maestre. Barbara si è offerta di star sotto a nascondino, senza aver nulla da ridire, e sta ferma, appoggiata al faggio, a contare. Fata Faggiola può vedere il troll, nascosto da un ramo, che la guarda con occhi teneri... In alto un gabbiano gira in tondo, prima di passar giù a volo radente e agguantare un pezzo di mela caduto a un bambino... si alza di nuovo in volo, non prima di aver strizzato il suo occhio giallo alla donna delle pulizie, che sta raccogliendo altri avanzi del pranzo e li sta allineando in ordine sul davanzale della finestra, come fossero tanti pesciolini messi a seccare al sole.
Fata Faggiola, nel tardo pomeriggio, torna al faggio, dove finalmente può levarsi le scarpe e riposarsi un po'... ma, che sorpresa, il troll le ha preparato una tazza di sidro caldo (il suo prezioso sidro!), e ha un annuncio da farle: sente troppo la nostalgia del nord. Gli mancano tutti i suoi amici: troll, elfi
m, gnomi, e anche il sidro di mele di questi posti è buono, sì, ma mai come quello dei suoi boschi... Insomma, prende il primo volo per il nord, ma non prima di averla ringraziata per la sua ospitalità, con una poesia composta apposta per lei e intagliata in un pezzo di corteccia.


Amico Faggio, ci fai capire la bellezza
Con la saggezza dei tuoi fiori:
in tutti c'è, in ogni piccolezza,
e si aprono in amicizia i nostri cuori.


## ROCK WATER
**(Acqua di roccia)**

Edoardo, con la sua macchina fotografica, avanza lungo il sentiero in cerca di un formicaio. Ha portato con sé l'obiettivo macro di suo padre. Non ha capito bene come funziona, ma suo padre, prima di scappare al lavoro, ha perfino trovato il tempo di cercargli il libretto delle istruzioni. Ed ora, seguendo passo passo il manuale, potrà fare qualche scatto a forte ingrandimento per la ricerca sulla vita delle

formiche. Se una cosa si deve fare, si deve fare bene. Mentre si mette a leggere il manuale, tira fuori la sua merenda: il succo e una mela, che comincia a sbucciare col suo coltellino. Non si fida degli additivi che mettono nella frutta, e lavarla non basta, l'ha letto sul giornale, nella rubrica della salute. Ed è sempre lì, anche, che ha letto che le lattine o i succhi di frutta che bevono i suoi amici non fanno bene (in genere tutte le cose buone fanno male... ): infatti beve la sua bottiglietta di succo di carota senza zucchero, che la mamma, obbediente, ha comprato per lui al negozio per vegetariani che c'è accanto alla scuola. Le bucce della mela si possono lasciare qui: non in vista, per non alterare il paesaggio, ma accatastate ai piedi di un tronco, sotto un po' di foglie secche. La bottiglia vuota la riporterà con sé a casa, per poi metterla nel secchio del vetro usato. Leggendo il manuale, mentre mangiava la mela, per risparmiare tempo, qualcosa ha capito: i manuali sono la sua specialità, gli dice sempre la mamma. Lei, invece, quando ha un telefonino nuovo, si mette a premere un po' di tasti a casaccio finchè non riesce a trovare la combinazione giusta. Certo, a volte, ci mette davvero poco tempo; ma lui e il papà, leggendo i manuali, sanno perfettamente il sistema giusto per archiviare messaggi e cambiare le suonerie, nel caso gli capitasse di farlo. Edoardo guarda l'orologio: è preoccupato di non avere il tempo di rispettare i suoi impegni del giorno. Deve essere a casa per le cinque, perché ha lezione di chitarra classica, e poi alle sei e mezzo deve andare a nuoto; anche se ha un po' di raffreddore ha detto alla mamma che ci deve andare ugualmente, non può perdere questa lezione, perché potrebbe restare indietro, proprio oggi che insegnano a nuotare a rana... Ha letto che è giusto imparare più cose possibili entro i primi tredici anni di vita: sembra che il cervello sia ancora in formazione e impari più facilmente. Basterà qualche piccolo sforzo e poi diventerà un adulto perfetto, che sa nuotare, suonare, giocare a tennis, oltre, ovvio!, avere ottimi voti in tutte le materie, compresa biologia. E' stata davvero una buona scelta quella della scuola sperimentale: si lavora di più è vero, ma la preparazione è migliore: per giocare ci sarà sempre tempo, quando sarà più grande...
Ecco una fila di formiche! Edoardo si catapulta vicino al formicaio e comincia ad osservarle attraverso l'obiettivo macro: allineate, in file precise come linee geometriche, e, alcune, cariche di briciole, e anche di qualche pezzettino di mela... "Voglio scattare le foto delle

formiche che si procurano il cibo", pensa Edoardo, e continua la sua esplorazione seguendo a ritroso la fila di formiche per cercare da dove provengono le briciole... Dopo venti minuti di ricerca le ginocchia sono dolenti e dure come due pezzi di legno, come dolgono gli occhi, per lo sforzo di mettere a fuoco attraverso l'obiettivo, nella semioscurità del sottobosco... e non ha trovato niente. Certo, potrebbe anche andare a casa. Ma l'orologio dice che ha ancora a disposizione un'ora prima di poter rientrare... Se una cosa va fatta, va fatta bene. E così, con un gran sospiro, ricomincia a cercare. Ormai ha già scattato molte foto di formiche allineate e in cammino: sono tutte simili e non ha motivo di scattarne altre, a parte il dover finire il rollino, se non che... qui c'è un gruppetto di formiche "degeneri", oserebbe dire... non sono neanche allineate... anzi, sembra quasi che girino in tondo... Edoardo tira fuori dallo zaino il libro di biologia e lo consulta: non c'è scritto di nessuna abitudine delle formiche a fare girotondi. Accanto al gruppetto di formiche c'è una piccola pozza d'acqua, che viene da un rigagnolo lì vicino, e la cosa più strabiliante è che sulla pozza galleggia una foglia, e sulla foglia ci sono due o tre formiche, ferme. Se avesse la fantasia che ha la sua cuginetta potrebbe dire che se la stanno spassando, o che stanno facendo il surf, ma non c'è neanche bisogno di andare a guardare sul libro per sapere che non è possibile. Non vale neanche la pena di fotografare questi comportamenti anomali: non rientrano nella norma e, quindi, non hanno interesse per la ricerca di biologia. Sembra più interessante, invece, seguire il rigagnolo: il suono dell'acqua lo attira e gli fa risalire il sentiero, su, su, nonostante le gambe sempre più stanche, finchè il rigagnolo si unisce a un torrente più grande, e più limpido, e ancora più su... Edoardo è giunto alla sorgente del ruscello, da dove acqua limpida sgorga dalle rocce: certo, essendo senza zucchero non può fargli male, non c'è terra, non è contaminata, quindi può permettersi di berne un po', magari solo qualche sorso, per prudenza... Come è fresca! E come sguscia dentro la gola e dentro la pancia, e dentro, direbbe quasi, braccia e gambe, facendogli passare la stanchezza e, d'improvviso, venir voglia di accoccolarsi accanto al piccolo ruscello per giocare un po' coi ciottoli... Giocare... E' questo che sta facendo? "No di certo", risponde una voce dentro di lui, "stai solo studiando le leggi fisiche dei fluidi... ". Bene: rassicurato, Edoardo costruisce una piccola diga accumulando i ciottoli sul corso del

ruscello. Un po' d'acqua continua a filtrare e lui, in risposta, ammucchia altri sassi. Ecco: ora che la diga è completa l'acqua si allarga, a monte, a formare una pozza, e, presto, si allarga ancora , scivola fuori dagli argini e si crea un altro percorso, e giù... giù... ruzzolando e trascinando con sé sassetti e ramoscelli, cambia strada. Edoardo segue il nuovo corso e costruisce un'altra diga... e di nuovo l'acqua cambia strada... Edoardo continua a giocare, e si ritrova giù, accanto alla pozza dove giocano le formiche. Che strano, è sceso senza neanche accorgersene! E pensare che aveva le ginocchia così stanche, quando era lassù... E non ha neanche seguito il sentiero! E' sceso giù a zig-zag, dunque allungando la strada, ma non è affatto più stanco, anzi, si sente una specie di solletico in pancia, una voglia di ridere, di leggerezza... Forse è un effetto dell'andare a zig-zag, dell'andare fuori dal sentiero, forse è effetto dell'acqua di questa sorgente: che sia una sorgente miracolosa? Lo sa che non esistono sorgenti così, ma, non si sa mai, si china e riempie la sua bottiglietta nel rigagnolo, per portare con sé un po' di quest'acqua, la vuol fare bere al suo papà, per vedere se anche a lui viene voglia di giocare, invece che scappare subito a leggere il giornale, quando torna a casa...
Il ruscello è ormai sceso giù dalla montagna in tanti piccoli rivoli, a causa di tutte le dighe costruite, e uno di questi rivoli è arrivato vicino al formicaio, dove le file ordinate delle formiche si sono allargate a formare tondi, zig-zag, gruppi sparsi:le formiche continuano a portare piccoli pezzi di pane, o di mela, ma entrano poi nel formicaio a coppie,o a gruppetti, o da sole... e qualcuna è anche ferma a fare merenda fuori dal formicaio... "Non c'è scritto niente di tutto questo nel libro!" pensa Edoardo, e , subito dopo "Era meglio se lo lasciavo a casa, era un peso di meno... ". Ma adesso è deciso a documentare questo comportamento anomalo: dopo tutto potrebbe essere una nuova scoperta! CLICK, CLACK! L'otturatore scatta con una scioltezza mai vista, e le sue mani scorrono sull'obiettivo cambiando diaframma e fuoco come se lo avessero sempre fatto, senza bisogno di leggere il libretto delle istruzioni...

Edoardo è a casa, adesso, giusto in tempo per la lezione di musica. Ma, prima, vuol dire alla mamma che non andrà a nuoto, oggi: no, no, non ha il raffreddore, è solo che... oggi non ne ha voglia. La lezione di rana?... Ah, quella... non c'è bisogno, dice, ha osservato

benissimo le rane, su, vicino a un ruscello straordinario, ha osservato come allargano e piegano le zampe, poteva perfino sentire i loro movimenti nelle sue, di gambe... e poi, pazienza, sarà per la prossima volta...
La mamma sorride, non insiste... e, anzi, gli passa una mano fra i capelli, e, guardandolo, gli dice :"Quando sei così, con quegli occhi così brillanti, mi ricordi tanto tuo zio Eddy... "
Ma non c'è tempo di spiegare, è arrivato il maestro di chitarra. Edoardo gli offre, come al solito, un bicchier d'acqua, perché ha fatto le scale a piedi, ma stavolta l'acqua che gli offre è quella della sorgente (tanto, per il papà, di acqua ne avanza, nella bottiglietta, e la mamma non ne ha bisogno).
"Sai" gli dice poi "prima di tutto vorrei che da oggi mi insegnassi a suonare le canzoni degli Oasis... , e poi... vorrei che mi chiamassi Eddy... "

# RIMEDIO DI EMERGENZA

## RESCUE REMEDY

Leonardo chiude il libro che sta leggendo, Storie di Fiori, va dal papà e gli dice, deciso:
- Voglio andare da questa Silvia, quella che ha raccontato le storie del libro.-
Alfonso non replica, ormai sa che non c'è nessuna possibilità di patteggiamento di fronte a quel tono di voce.
La casa dove trovano Silvia è circondata da alberi. Non sembra certo la casa di un dottore, ma non è quello che Leonardo si aspettava. Anzi, mentre guarda soddisfatto la mancanza di numero civico, la mancanza di campanello e serrature, i cani senza collare che scorrazzano in giardino e che gli saltano addosso festosi appena lo vedono, pensa che, sì, quello che lui vuole chiedere ha bisogno di essere ascoltato da due orecchie di maga, o di scrittrice, non certo di dottoressa.
Silvia lo accoglie con un sorriso, un cioccolatino, e una tazza di tè. Lui e il suo papà si siedono sul divano, con lei. Al tavolo, un personaggio con barba e baffi incolti e un cespuglio di capelli neri, è incollato al computer, a scrivere, dice Silvia, un altro dei suoi libri.
- Ma, insomma, questi fiori fanno davvero stare bene i bambini?- chiede Leonardo per rompere il ghiaccio.
- Be', con Carolina e Daniele hanno funzionato, e loro sono ex-bambini da pochi anni-, dice Silvia.
- Con Maria Luna e Gaia funzionano, e loro sono bambine- dice Cespuglio, da dietro il computer (non era poi così disattento, evidentemente).
- Sai, sono le sue figlie – Silvia indica Cespuglio con un cenno del capo – Ezio è un dottore che insegna ad altri dottori e ad altre persone ad usare i fiori.
- Sì, lo so. – dice Leonardo – Il mio papà è infermiere e mi dice sempre che vorrebbe poter usare i fiori in reparto... ma con i bambini, sai... è un'altra cosa... - e Leonardo si chiude in una riservatezza a prova di qualsiasi cioccolatino.
Finalmente Silvia capisce il messaggio (era ora!). Si alza e offre a Leonardo di fare una passeggiata al fiume, loro due soli, così, per

chiacchierare un po'.
Giù al fiume Leonardo raccoglie tutta la sua diplomazia e, dopo aver elogiato Silvia per essere una "scrittrice provetta", tira fuori un MA... che, enorme, galleggia fra loro due, fino a far sgranare gli occhi di Silvia in attesa dell'inevitabile critica.
-MA... non hai parlato abbastanza degli smorf... e a me interessano molto.-
Un sorrisetto furbo brilla sul viso di Silvia mentre lo stuzzica : - Non mi dire che non ne hai mai visti in giro? C'è davvero bisogno che te li descriva?-
- Ecco... io... credo di averli visti... ma non sono sicuro... - è Leonardo, adesso, ad essere in difficoltà.
- Sono sicura- continua Silvia - che non li hai davvero visti coi tuoi occhi, né toccati con le tue mani, né ascoltati parlare, ma hai avuto la sensazione che ci fossero, una sensazione molto forte, quasi come se li potessi vedere o toccare... -
- E' COSI'!!!- schizza su Leonardo – E infatti lo dici anche tu, che sono senza forma. E' proprio vero, perché se mi avvicino per vedere meglio è come se svanissero.
- Ma perché ti interessano tanto? – gli chiede Silvia, ficcandogli gli occhi dentro i suoi come se volesse frugargli dentro la pancia.
- Perché... mi fanno tenerezza... sono sempre in fuga, sempre scacciati... non c'è modo di farli sorridere?-
Silvia ride a squarciagola, sostenendo che si vede proprio che lui è figlio di Alfonso, un altro salvatore dell'umanità. Leonardo sta appena cominciando ad irritarsi che, improvvisamente, lei ridiventa pensosa, seria, e poi butta lì:
- Forse un sistema ci sarebbe... E' un sistema adatto a un esploratore, a chi non ha più paura di loro, a chi vuole solo conoscere e fare amicizia con l'ignoto... be', penso proprio che sarebbe adatto ad uno come te... –
Arrivati a casa, davanti a una fetta di torta, Leonardo riceve in privato tutte le istruzioni, un flaconcino di gocce e uno spruzzatore.
In treno, tornando a casa, il suo papà gli spiega che la miscela che gli è stata data è una miscela di fiori molto potenti, che si chiama Rescue Remedy, e che è composta dalle gocce di cinque fiori: Star of Behetlehem, Rock Rose, Impatiens, Cherry Plum, e Clematis. E' quasi come avere in tasca una bacchetta magica che può far passare velocemente il mal di pancia, o la paura di un'interrogazione, e che

lui a volte usa in Pronto Soccorso, perché è proprio un rimedio di emergenza, di salvataggio (che è poi il significato della parola Rescue).
Leonardo, che adesso non vede l'ora di incontrare uno smorf, ha deciso di organizzarsi per passare la notte a casa di Mattia, un suo amico che ha il viziaccio di vedere spesso film dell'orrore, anche se gli mettono addosso una fifa blu.
Eccoli qua, tutti e due, sotto le coperte del letto di Mattia, che hanno appena finito di vedere una cassetta di un film horror. Leonardo sente già che i pensieri e le paure di Mattia stanno nutrendo il piccolo smorf che era già presente dietro la porta e che, ora, sta diventando sempre più evidente.
E, tanto per avere una conferma, chiede a Mattia se non sente che c'è un qualcosa di spaventoso, in camera, nascosto dietro la porta.
E Mattia – Sì, - dice balbettando – io lo vedo, è grosso, peloso, e con dei gran denti, l'alito gli puzza di marcio e la gola è piena di catarro, perché lo sento ansimare... -
- Io, invece – commenta, serafico, Leonardo – lo vedo piuttosto come una piovra fangosa che ha un occhio su ogni tentacolo e può stritolarti con grande facilità... ma, sai... penso che sia proprio lo stesso smorf quello che sentiamo... solo, ce lo immaginiamo un po' diverso.-
Leonardo chiede a Mattia di unirsi alla sua campagna di salvataggio degli smorf. Prima prendono, entrambi, le gocce di Rescue sulla lingua, e il loro effetto non tarda a farsi sentire: tranquillità, voglia di ridacchiare, e coraggio riempiono i loro cuori, mentre avanzano sereni verso lo smorf, brandendo lo spruzzatore.
Mattia spruzza un po' di Rescue sullo smorf e Leonardo allunga le sue mani verso la non-forma, come ad accarezzarla, in segno di amicizia.
Lo smorf non crede a quello che gli sta succedendo: non solo due bambini gli vengono incontro sorridendo, ma lui stesso si sente trasformare, si sente sciogliere e rinascere, e diventare di tutti i colori dell'arcobaleno, come se gli spuntassero, ohibò, due ali da fata, o orecchie da elfo, o chissà cos'altro di stupidamente buono... ma la cosa più strana è che tutto questo non gli sembra più stupido, ma solo buono... e piacevole... e... divertente. Lo smorf tocca la mano di Leonardo e si illumina come una lampadina.
- Lo vedo! – dice Mattia – ha l'aspetto di un maialino rosa! –

- E per me è un ippopotamo bianco... - aggiunge Leonardo.
- Questo poi NO! – la voce dello smorf li interrompe – Mi piacerebbe essere qualcosa di più elegante... di più delicato... sforzatevi ancora... - .E la luce aumenta...
- Un delfino!- - Una cascata di stelle filanti! - - Un dolce al cioccolato! - - Un grappolo di stelle!- - Un mazzo di fiori!- -Un angelo!-... ... Mentre Leonardo e Mattia continuano con le loro proposte di trasformazioni, si sente solo la risata gorgogliante dell'ex-smorf che si sta allontanando, diretto, chissà, a illuminare i sogni di qualche bambino...

FINE.